编 委 会

国际服务外包系列教材

印度国际服务外包经典案例

Case Study of Indian International Service Outsourcing

黄立军 李 旸 编著

Textbook Series of
International Service Outsourcing

暨南大学出版社
JINAN UNIVERSITY PRESS

中国·广州

图书在版编目（CIP）数据

印度国际服务外包经典案例/黄立军，李旸编著．—广州：暨南大学出版社，2017.5
（国际服务外包系列教材）
ISBN 978 - 7 - 5668 - 2078 - 5

Ⅰ.①印… Ⅱ.①黄…②李… Ⅲ.①服务业—对外承包—案例—印度—高等学校—教材 Ⅳ.①F719

中国版本图书馆 CIP 数据核字（2017）第 042620 号

印度国际服务外包经典案例
YINDU GUOJI FUWU WAIBAO JINGDIAN ANLI
编著者：黄立军 李 旸
···

出 版 人：徐义雄
责任编辑：潘雅琴 潘江曼
责任校对：高 婷
责任印制：汤慧君 周一丹

出版发行：暨南大学出版社（510630）
电 话：总编室（8620）85221601
　　　　　营销部（8620）85225284 85228291 85228292（邮购）
传 真：（8620）85221583（办公室） 85223774（营销部）
网 址：http://www.jnupress.com http://press.jnu.edu.cn
排 版：广州良弓广告有限公司
印 刷：佛山市浩文彩色印刷有限公司
开 本：787mm×1092mm 1/16
印 张：9.625
字 数：222 千
版 次：2017 年 5 月第 1 版
印 次：2017 年 5 月第 1 次
定 价：29.50 元

总　序

　　自 21 世纪以来，我国承接美、欧、日等国家和地区的国际服务外包业务呈加速发展之势；2013 年，我国承接的国际服务外包业务执行金额为 454.1 亿美元，现已成为全球第二大服务外包接包国。随着服务外包产业的迅速发展，我国能熟练从事国际服务外包业务的中高端人才的短缺问题日益突显。因此，尽快培养国际服务外包业务所需的中高端人才，已成为促进我国服务外包业务持续、快速和健康发展的当务之急。

　　广东外语外贸大学国际服务外包研究院和国际服务外包人才培训基地，是全国普通高等院校最早成立的国际服务外包研究机构和人才培训机构。自 2009 年 10 月以来，国际服务外包研究院承接国际服务外包的理论研究和政府咨询等课题 60 余项，发表论文 300 余篇。目前，广东外语外贸大学国际服务外包研究院已成为华南地区国际服务外包理论研究中心、政府决策咨询智库。六年来，广东外语外贸大学国际服务外包人才培训基地共培训软件架构师、软件测试工程师和网络工程师等 IT 类高校"双师型"教师 200 余人；培养和培训 ITO、BPO、KPO 等适用型大学毕业生 2 000 余人；为 IBM、西艾、从兴等服务外包企业定制培训服务外包商务英语和相关业务流程专业人才 1 000 余人；培训服务外包企业和政府中高层管理人员 8 700 余人。经过几年来对服务外包人才培养模式与实践的有益探索，广东外语外贸大学国际服务外包人才培训基地已成为广东省服务外包"双师型"教师资源库、大学毕业生适用型人才交付中心、企业和政府管理人员短期培训中心。

　　广东外语外贸大学作为广东省国际服务外包中高端人才培训基地，为了更好地发挥学校在国际化人才培养方面的优势，进一步提高国际服务外包和国际服务经济人才的培养质量，特组织专家学者编写了本套教材。本套教材具体包括《服务外包客户关系管理》《服务外包项目管理》《服务外包企业战略管理》《商务交际日语》《商务谈判日语》《商务会谈技巧英语》《商务沟通英语》《软件开发中级英语阅读与写作教程》《软件测试中级英语阅读与写作教程》《服务外包概论》《国际服务外包实务》《广东国际服务外包案例》《国际服务外包营销》《印度国际服务外包经典案例》《服务外包园区发展的理论与实践》《国际服务外包：理论、实践、创新》《国际服务经济概论》《国际服务贸易战略与实务》《国际金融服务实务》《国际服务经济组织与管理概论》《Java 软件工程师培训教程》《云计算基础、应用与产业发展》《中外艺术创意经典 100 例》《数据挖掘基础与应用实例》《物联网与产业发展》《创意学概论》《跨境电子商务概论（进口篇）》《跨境电子商务概论（出口篇）》《科技服务业概论》等共 31 部。

　　培训国际服务外包和国际服务经济产业所需的中高端人才是一项系统工程。其中，编写出既能够反映国际服务外包和国际服务经济发展理论，又符合国际服务外包和国际服务经济发展实践的教材尤其重要。我们希望本套教材的出版能够为国际服务外包和国际服务经济人才的培养尽一份力量；同时，我们也真诚地欢迎各位读者对本套教材的不足之处提出修改意见和建议，以期进一步提高教材的编写质量。

广东外语外贸大学"国际服务外包系列教材"编写委员会
2016 年 6 月

前　言

在我国，大力发展具有高技术、高附加值的服务外包这一"绿色产业"，促进大众创业、万众创新，推动从主要依靠低成本竞争向以智力投入取胜转变，对于推进结构调整，形成产业升级新支撑、外贸增长新亮点、现代服务业发展新引擎和扩大就业新渠道，具有重要的现实意义。

印度充分利用优秀而成本又相对低廉的软件人才优势，通过政府全方位的政策扶持，积极开拓国际软件开发及服务市场，形成了自己独特的以软件承包和服务出口为主的服务外包产业发展模式，并形成了较好的规模效应，创造了产业基础本不强大的国家在短时间内跳跃式发展的奇迹。

一、软件园区成为出口基地

通过建立软件园吸引众多企业入驻，是印度发展软件服务外包产业的一条重要经验。从 1987 年起印度就开始建设班加罗尔、布班内斯瓦尔和浦那 3 个软件园区。截至 2001 年，印度先后建成了 20 个软件园区。1991 年印度软件园中只有 164 家登记企业，其后企业数量迅速增长；2009 年仅运营企业就达到了 8 455 家，其中出口企业高达 7 214 家；2010 年由于税收优惠到期，一些企业开始退出园区，但 2011 年仍有 6 554 家企业在园区内运营。园区发展带动了印度软件业的发展。①园区出口增长推动了印度软件总出口。1991—2011 年全印软件出口增长了 360 倍，对此园区发展可谓居功至伟：其出口从 1991—1992 年度的 1.7 亿卢比增加到 2010—2011 年度的 21 526.4 亿卢比；其出口占印度软件及服务总出口的比重也从 1992—1993 年度的 8% 激增到 2008—2009 年度的 95%。虽然 2011 年 STP 计划的税收豁免政策到期使得一些企业退出园区，但园区出口占总出口的比重依然高达 80% 以上。②促进了印度软件与服务业不断走向价值链高端。截至 2011 年，印度的信息技术外包（ITO）、业务流程外包（BPO）和高端知识流程外包（KPO）分别占全球离岸份额的 70%、34% 和 70%，知识套利的模式逐渐成形。目前，印度软件园区的出口额占印度软件总出口额约 **70%**，其中，班加罗尔已成为印度的软件之都，被誉为世界十大硅谷之一。政府为软件园和出口加工区制定了许多优惠政策，如以优惠价格提供厂房、办公楼、水、电、气、通信等设施，园区环境建设由政府投资；对软件产业实施零关税、零消费税和零服务税政策，允许企业加速折旧，免除进出口软件的双重赋税，同时，放宽中小企业引进计算机技术的限制等。放宽外资软件企业进入印度的壁垒，外方控股可达 **75%~100%**，全部产品用于出口的软件商可免征所得税，以此来吸引国际软件巨头进入印度。上述优惠政策大大刺激了国内外企业对软件产业的投资。世界上著名的信息技术公司，如微软、英特尔、苹果、IBM、西门子、惠普、康柏、摩托罗拉、太阳公司、得州仪器等，都在印度设有研发中心和生产基地。班加罗尔所在邦政府更是对当地高科技企业给予特别的支持，对企业科研实行财政资助，对企业科研成就颁发政府奖，在吸引外资和向世界宣传班加罗尔方面做了大量的工作，使班加罗尔成为跨国软件企业的重要投资目标地。为了进一步发展软件产业，印度政府又将软件园区由南向北推进，形成全国性的软件技术网络。在班加罗尔的带动下，金奈、海得拉巴等南部城市的高科技工业园区相继发展，同班加罗尔交相辉映，成为印度南部著名的软件产业"金三角"。

二、外向型发展战略为服务外包提供正确导向

印度本国市场需求并不太大，因此其确立了以出口为导向的外向型发展战略。为了促进出口，近几年来，印度大力改进出口方式，对软件园区开设专网，允许软件企业开通卫星通信，许多软件企业直接采用高速数字传输线路的方式出口软件系统。这种方式不仅速度快，能够保证客户及时接到产品；而且有助于厂商及时获得客户的反馈意见，对产品和需求进行及时调整。近几年来，服务外包及软件业以近 30% 的年均复合增长率（CAGR）高速增长，2006 财年行业总产值为 374 亿美元，占国家 GDP 的份额为 4.7%；出口总额为 242 亿美元，同比增长 32%。2007 财年行业总产值为 478 亿美元，占国家 GDP 的份额为 5.4%；出口总额为 313 亿美元，同比增长 29%。2007、2008、2009 年印度软件和服务外包产业出口额所占比重分别为 79.2%、77.5% 和 78.7%，而服务外包占据了整个出口额的绝大部分市场，其中 ITO 和 BPO 分别占 57.2% 和 27.4%。根据 NASSCOM 的数据，2012 财年，印度软件和服务外包产业总产值已达约 1 000 亿美元，直接雇用约 250 万人；印度软件服务外包产业高技能从业人员为 91.7 万人，其中研究生超过 50%，博士达 5%，其他专业人才结构也很丰富。2013 财年，该行业从业人员增加 18 万人，从业专业人员近 300 万人。截至 2013 年 3 月，印度全球软件服务外包产业规模继续保持增长，其市场规模占全球软件服务外包支出的比例超过 10%。2013 财年，印度软件服务外包出口收入达 758 亿美元，同比增长 10.2%；国内收入达 10 470 亿卢比，同比增长 14.1%。2014 财年，印度软件服务外包收入增加 120 亿~150 亿美元；出口收入达 840 亿~870 亿美元，同比增长 12%~14%；国内收入达 11 800 亿~12 000 亿卢比，同比增长 13%~15%。截至 2013 年 6 月，印度在全球 75 个国家成立了 580 个全球交付中心。印度软件产业及其出口发展的

主要特点，在于抓住了20世纪90年代中后期世界外包市场快速增长的历史机遇，利用自身质优价廉的软件人力资源，以承接软件外包业务为突破口，带动软件企业迅速成长。

三、政府支持为服务外包注入活力

虽然国力有限，但是印度政府很早就认识到信息技术在知识经济中的核心地位，并始终坚持扶持信息技术，特别是软件技术的发展。1984年上台的印度总理拉吉夫·甘地，曾因极为重视计算机的开发而被国人称为"计算机总理"。20世纪90年代初拉奥总理上台后，采取了许多切实有效的措施继续支持和发展计算机产业，特别是支持软件的出口。1998年，瓦杰帕伊总理为实现其"使印度在十年内成为一个信息技术超级大国"的目标，专门成立了特别工作组；后来甚至提出要集中所有的资源使印度成为信息技术大国，为此，他设立信息技术部，并先后提出培养软件技术人员、创设风险资本、简化外国企业的投资手续等具体措施。印度政府还花巨资建立了一批重点实验室，包括与国防工业有关的实验室，并最大限度地向民间开放。另外，为了进一步加快信息产业的发展，印度政府还在逐步取消硬件和软件税，放宽网络公司上市的标准，允许外国证券投资商可以拥有印度公司40%的股份（原先只能拥有30%）。为了鼓励风险投资的发展，在税收上对外国证券投资商实行优惠政策。从20世纪80年代开始，印度政府拨专款用于开拓国际市场，在硅谷和波士顿召开"印度软件会议"；并经常在国内外举办各种专门针对服务外包的研讨会和展览会，组织大规模专项研究，比如国际软件市场潜力、数据库、市场渠道、价格及价格分布结构、数据通信、人才需求以及相关硬件发展条件等。印度政府已下决心要使印度成为全球信息技术超级大国，成为信息化革命的领先者，并为此制定具体举措：①推动信息基础结构建设，加速建立世界级的信息基础结构，扩充光纤网络、卫星通信网络和无线网络，以使本地信息基础结构、国家信息基础结构与全球信息基础结构无缝连接，确保全国范围内因特网、企业网和外部网快速发展起来。②服务外包500亿美元的目标：2008年，政府要创造政策环境，使印度实现软件年出口达到500亿美元的目标。相应地，要有遍布全国各地的巨大国内市场。③2008年全面实现信息化：信息技术应用将深入到经济社会生活的每个角落，在国民中增强信息技术意识、宣传信息技术知识；推动政府网络建设，发展以信息技术导向的经济，信息技术应用向农村渗透。2007年初，印度新闻门户网站Indiatimes.com报道，印度政府计划为该国全体居民提供2Mbps的免费宽带服务，BSNL和MTNL两家国营运营商将负责具体运作，这一计划已经于2009年实现。

四、高素质软件人才为服务外包提供坚实后盾

为了确保国内服务外包产业不断增长的人才需求，印度政府对于软件人才资源开发给予了高度重视。印度信息产业部下属的人才局负责各类软件人才开发计划的制订、

实施、协调、检查等。印度软件人才的开发和培养主要通过三种途径：一是依靠高等院校培养。二是民办或私营的各类商业性软件人才培训机构培训。这些机构必须具有政府或政府授权的专业机构颁发的培训许可证，软件人才经过培训合格后，有资格参加全国统一组织的水平证书考试。三是软件企业自身建立的培训机构，重视培养计算机应用专家、系统分析员、开发管理人员、软件企业经销人员。在美国等西方发达国家还有一大批留学或者工作中的印度中高级软件人才。从 20 世纪 80 年代开始，印度政府为海外留学或者工作人员回国开办软件企业或者从事软件开发工作大开"绿灯"。这些海外归国的软件人才具备从事软件开发与服务的良好技能，有丰富的经验，也拥有一定的资金，特别与海外同行有着十分密切的联系，他们每一个人都形成了一张巨大的海外"关系网"，这些网络对促进服务外包起到了重要的作用。特别值得关注的是，印度有一套独特的培养软件蓝领人才的体系，其中有许多独到之处，比如它以素质教育为根本，以合理的人才结构为前提，以职业教育为支撑，以现代管理体系为手段，以应用为目的。软件蓝领的培养建立在其庞大的规模性和严谨的规范性基础上。规范的软件开发方法和管理体系，使得印度软件公司开发出来的软件整个体系架构非常清晰而且相当稳定，这样软件蓝领完全能够专心地进行底层程序设计工作。随着软件产业的日益发达，印度本土对软件技术人才的需求也日益强烈。为了保持软件技术人才方面的优势，印度一方面以丰厚的待遇吸引在美国的软件工程师回国，另一方面也采取各种措施阻止软件技术人才的流失。

五、中介组织成为服务外包的助推器

在印度软件产业的发展过程中，一批行业组织发挥了重要的作用。比较重要的软件行业组织有：印度国家软件与服务业企业行业协会（National Association of Software and Services Companies，简称 NASSCOM）、信息技术产品制造者协会（MAIT）、信息技术加工者协会、电子与计算机服务外包促进理事会（ECS）等。这些行业组织在软件产业发展中起到了沟通联系、解决困难、扩大宣传、组织研讨会、组织展览、关注国际市场动态、保护企业利益、向有关政府部门反映企业呼声，以及促进企业发展等方面的作用。NASSCOM 建立于 1988 年 7 月，是一个非营利性机构，其目标是促进印度软件和服务领域的商业和贸易活动，鼓励软件技术研究活动。950 多家软件企业是 NASSCOM 的成员，其成员企业收入占印度软件总收入的 95% 左右。NASSCOM 积极开展反盗版活动，1994 年 8 月在新德里开通了反盗版热线，接受询问购买正版软件和举报盗版线索。这不仅使印度免于当年美国 301 条款的制裁，还更大幅地提高了外国企业在印度投资设点的意愿。为了开拓欧洲市场，印度还成立了印度—欧洲软件联盟（NIESA – NASSCOM），分两阶段实施：第一阶段是在欧洲议会信息计划下，由印度商务部负责实施；第二阶段则独立出来，转由非营利机构 NASSCOM 来执行。主要工作包括：①印度和欧洲在软件开发方面寻找合作伙伴；②帮助欧洲公司在印度销售软件；③帮助欧洲公司在印度寻找软件开发商；④鼓励印度和欧洲公司合作开发软件产品，并帮助其在美国、日本、欧洲、印度和澳大利亚寻找市场；⑤为国外公司和印度公司的其他合作牵线搭桥。

　　综上可知，印度服务外包产业已形成了自己独特的发展模式。"他山之石，可以攻玉"，编写印度服务外包成功与失败的经典案例，总结印度发展服务外包产业的经验和教训，可以为发展中国家探索服务外包产业发展的规律提供有益的参考和借鉴。同时，对于加快发展我国服务外包产业，推进结构调整和产业升级、发展现代服务业、扩大就业渠道，具有重要的理论与现实意义。

编　者

2017 年 1 月

目　录

第一章　印度的"微软"：印孚瑟斯（Infosys）

第一节　Infosys 的发展历程

印孚瑟斯技术有限公司（Infosys Technologies Ltd，以下简称 Infosys）总部位于被誉为"印度硅谷"的南部城市班加罗尔。Infosys 的主要业务是为全球客户提供咨询和 IT 技术服务，采用的是低风险、在时间和成本等方面可预测性高的全球交货模式（GDM）。

Infosys 的全球合作伙伴有微软、英特尔、SAP、3M、Arrow 等，所涉及的业务范围非常广，包括航空和国防、生命科学及其他高技术、离散加工、银行与资本市场、保险、通信服务、交通服务、医疗卫生、媒体和娱乐、饭店与休闲、资源、零售业以及消费打包式服务等。

公司成立于 1981 年，成立之初只有 7 人和 250 美元，从获得海外订单开始发展。1987 年在美国开设了分支机构，这也是 Infosys 的第一家海外公司。目前，公司在全球拥有 10 万名员工，市值逾百亿美元。

Infosys 于 1999 年通过 CMM5 认证，2000 年被印度政府授予"最佳管理奖"，2002 年被《商务世界》杂志评为"最受尊敬的印度企业"。Infosys 于 1999 年在美国纳斯达克上市，成为第一家在此上市的印度企业。

由于 Infosys 创始人纳拉亚那·穆尔蒂（Narayana Murthy）的伦理和信念，他曾被提名为印度总统候选人。此外，Infosys 还是达沃斯论坛的长期会员和资助者。

一、公司成立初期

（一）250 美元起家

当年由穆尔蒂和 6 位同事用 250 美元创立的 Infosys 如今已是价值 160 亿美元的 IT 巨人。它同时在纳斯达克和孟买证交所上市，收入几乎全部来自印度以外的国家和地区，其中 2/3 来自美国，其余绝大部分来自欧洲。它的员工遍布全世界。Infosys 几乎就是 IT 服务外包的同义语。

Infosys 公司是印度 IT 业发展的先驱，是目前印度最大的上市软件公司，也是印度第一家在美国纳斯达克上市的企业。2004 年，它的销售额首度突破 10 亿美元；2007—2009 年，年平均销售额约为 50 亿美元，公司市值达 150 亿～160 亿美元。Infosys 在印度设有 27 个软件研发中心，在世界范围内设有 30 多个办公机构，包括设于北美的 12 个办事处、欧洲的 6 个办事处和亚太区的 9 个办事处。公司 2/3 的业务来自北美，其次为欧洲。该公司还加大了对新市场的投入，包括日本、中国和中东地区。

作为公司的前董事长及首席导师，穆尔蒂以其强大的财富创造能力和高效的财富分配和支出机制而受到狂热的追捧，这位精明的电脑专家先于大多数人意识到电脑对人们生活的影响。作为 7 人创业团队的领袖，穆尔蒂因为将 Infosys 推向世界软件服务及咨询行业的前沿而备受瞩目。可是，他幼年时家境相当贫寒，艰苦的生活磨炼了他克服困难的勇气，正如国人所谓"寒门生贵子，白屋出公卿"。

（二）严父出伟子

穆尔蒂的父亲一开始是一位公立学校的教师，后来当上卡尔纳塔卡邦一所学校的校长，他在抚养 8 个孩子的过程中采取了公平对待的原则。这位父亲是一个工作能力很强且要求严格的人，以至于当穆尔蒂在邦考试中获得第四名的时候，他没有给予任何表扬，只是简单地问穆尔蒂："前三名是怎么做到的?"于是穆尔蒂转向他的母亲寻求宽慰，母亲告诉他这只是父亲勉励他的一种方式。从母亲身上，穆尔蒂学到资本拥有者所应当富有的同情心。当年穆尔蒂的父亲的几个朋友经常喜欢在他家玩到很晚，穆尔蒂的母亲总是会盛情招待他们。其实，穆尔蒂家的家底很薄，这就意味着孩子们要饿着肚子睡觉。生活虽然艰难，这位母亲却毫无怨言，人们总能在她脸上看到笑容。

在一个大家庭中长大，穆尔蒂的记忆里总是浮现有些家庭成员生病或是哭闹的画面。尽管生活困难，但他们的家庭生活总是充满幸福和欢笑。他们经常围坐在箱式收音机旁收听西方经典音乐，这些旋律在穆尔蒂的心中留下了深刻的印象，以至于现在在他的 iPod 播放器中仍然存着这些音乐。穆尔蒂还记得父亲经常拿音乐做例子来说明不同风格的音乐大师如何合作奏出和谐的乐章。这样的家庭生活使穆尔蒂认为："1 加 1 即使不能等于 11，也应该大于 3。"

穆尔蒂从南部名校迈索尔大学获得工程学士学位，之后从印度理工学院（简称 IIT，印度最负盛名的工科大学，声誉地位相当于中国的清华大学）获得硕士学位，他先在艾哈迈达巴德印度管理学院（简称 IIM，印度最王牌的管理学院）做编程员，之后在法国巴黎 SESA 公司做系统工程师。他利用 BASIC 语言在印度编辑了第一款时间共享操作系统，他还为巴黎戴高乐机场设计了一款用于空中货柜管理的实时操作系统。之后他回到印度，在孟买帕特尼电脑系统公司任经理，向印度公司倒卖美国产的巨型电脑。

（三）Infosys 的诞生

时光倒流到 1981 年 7 月，没有人知道穆尔蒂是在创造一个产业。在那个动荡的年代，就连穆尔蒂自己也不确定创办的 Infosys 是否靠谱。一天穆尔蒂同其他 6 位同事（Nandan Nilekani，N. S. Raghavan，Kris Gopalakrishnan，S. D. Shibulal，K. Dinesh 和 Ashok Arora）意识到印度已经无可救药地落后于这个时代了，有着一番雄心的他们一起辞职，离开了原来的公司，决定开创 Infosys。印度当时仅拥有为数不多的几台电脑，但个个像是庞然大物占据着巨大的空间。而在美国，一种小到令人难以置信的新型电脑，也就是后来被人们熟知的个人电脑正在快速渗透人们的生活。穆尔蒂和他的团队意识到这种新的机器将彻底改变各个产业，同时他们也明白世界上只有少数人掌握着帮助企业管理和整合个人电脑的技术。这群年轻的工程师们凭借自己所掌握的一点电脑技术，决定利用新颁布的一条并不合逻辑的法律，即只有小公司才能获得电脑办公的权利。于是几周后，Infosys 就诞生了。穆尔蒂担任公司的最高层，整个团队立志从西方国家的口袋里获取财富，因为他们坚信欧美企业需要自己的服务。

从公司成立之初，Infosys 就面临很多大问题，其中一个就是穆尔蒂和他的同事根本没有钱用来投资。他们向银行申请贷款，银行将他们拒之门外；他们试图说服潜在的投资者掏钱投资，而那些投资者根本听不懂他们在说什么。穆尔蒂为公司获得一张营业执照——整个过程只是在排队等这里敲个章、那里敲个章，足足花了好几个星期的时间。创业之初，为了安装一部电话，穆尔蒂不得不等上一年；为了获得政府批准进口一台价值 1.5 万美元的电脑，他不得不往新德里跑 15 趟。也许正是深感政府的低效率，Infosys 才在 IT 领域创造了这场服务外包革命。"我是一个停不下来的人，"穆尔蒂这样形容自己，"在印度教里，我就是所谓瑜伽人（Karma Yogi）。我相信行动和奉献能带来好的结果，因此我做事的时候好像没有明天，我是完全的行动论者。"

（四）贤内助的支持

最后，穆尔蒂和他的伙伴们在孟买的一个小房间里创办了公司。他们每人出资一万卢比来开发一款质量管理软件。现在的亿万富翁穆尔蒂在当时竟然拿不出钱，以至于他向妻子苏达借了一万卢比（相当于 250 美元）。尽管苏达不满意他放弃具有稳定收入的工作，但还是拿出这笔钱，而且叮嘱穆尔蒂这是她仅有的储蓄了。

穆尔蒂后来回忆道："妻子使我拥有了现在公司的股权比例，这全都依靠她当时的选择。她是比我更加优秀的电脑科学家和管理者，但是我告诉她我们不应该把家庭和生意混在一起，要么我来做要么她来做，她最后还是决定由我来做。在最初创业的时候，我只拿很少的薪水，整个家庭的重担全都落在她身上，她抚养着我们的两个孩子，还鼓励着其他创业伙伴的家眷们。"

苏达的支持在穆尔蒂 1981 年开始创业的时候显得非常重要。那时苏达在 Walchand 集团做高级系统分析工作，但她仍然谦虚地称只是在做着机械的编程员的工作，她的收入支撑了当时所有的家庭开销。

为了能够更紧密地靠近客户 MICO 公司，穆尔蒂的家还有整个 Infosys 公司在 1983 年搬到班加罗尔。他们在贾亚纳加尔租了两个房，一个用于住人，另外一个用于办公。苏达主持家务，而穆尔蒂长时间在外游说美国公司让他们相信印度公司可以完成大型软件项目。苏达曾在网页上写道："当时没有汽车，没有手机，只有两个孩子和一群努力工作的人。我们维系着生活，而 Infosys 也逐渐成形。其他创业成员的妻子们也慷慨地支持着，我们都相信自己的男人正在做一件伟大的事情。"

二、成长的转折点

Infosys 在壮大过程中曾遇到几个重要转折点：第一个转折点是印度政府在 1991 年取消许可证制度，Infosys 的实力得以迅速发展；第二个转折点是在 1992—1995 年之间，Infosys 说服美国的公司客户相信由开发他们的软件是值得信赖的；第三个转折点是 1993 年 Infosys 在孟买上市，具备了扩张的潜力；第四个转折点是 1996 年 Infosys 在美国上市，成长为国际软件巨头。

追求卓越的道路并不平坦，特别是当印度还处在一个不开放的经济体的时代。Infosys 在业务发展过程中经历了很多坎坷，即使是简单地进口几台电脑也需要几个月。1991 年印度的改革带来了福音，但是如果 Infosys 没有坚持下来，成为印度新经济代言人的历史可能会被改写。

（一）公司一度面临解散

Infosys 的发展绝不是一帆风顺的，哈佛商学院特别研究了 Infosys 成功的案例，Infosys 曾数度陷入要卖掉企业的境地。1990 年，Infosys 从 1981 年孟买的一间小小的办公室成长为班加罗尔初具规模的公司时，曾有公司愿出价大约为 100 万美元收购 Infosys。在印度恶劣的商业环境打拼 10 年后，终于有机会看到大量的金钱。当时，7 人创业团队中有 5 个人已经开始在班加罗尔狭小的办公室中讨论如何分配卖掉公司后获得的钱。但是，穆尔蒂的观点是："既然我们的马拉松已经跑了这么多年，我们也就没有必要在意这部分得失。如果我们放弃了多年来适应的生活，妻子们也不再认为我们正在做一件成功的事情。我们会走得更远。"

创始人穆尔蒂回忆最后一次讨论是否卖掉企业的会议时说："我依然能够回忆起那个时候，我们围坐在一起，哀叹生意如何难做，大家将限制公司发展的各种因素一一列出。我们讨论了大约 4 个小时之后，大家得出了一个结论，我们应将公司卖掉，得到 150 万美元或更多。整个会议中，我始终不发一言，安静地坐着听大伙讨论，琢磨其他合伙人提出的观点和意见。但是当议题转向出卖公司的价格讨论时，我忍不住开始发言：'我有信心，公司最终一定能够取得成功，如果你们要离开，我很高兴收购你们的股份。'会场出现一阵静默。Nandan 站起来说：'如果你留下来，我也留下来与你并肩奋斗。'接着一个接一个，另外四位合作伙伴也改变观点，同意继续留下。他们都表示：愿意付出更多的努力挽救公司！我警告大家：我希望这是最后一次讨论将公司卖掉。"

穆尔蒂回忆到那天黄昏的 4 个小时是人生中最灰暗的时刻，实际上当时他口袋里一分钱都没有。穆尔蒂特意在同事面前表现出强大的信心，使他们坚持下来。这个决定是 Infosys 发展的一个重要里程碑，它在印度 20 世纪 90 年代的改革浪潮中继续前行。后来，IT 行业的准入制度被废除，这意味着在进口电脑等硬件设备的时候再也不需要到电子产品管理局申请许可证。

（二）说服美国人接受软件

1992 年之后，印度国家储备银行允许可兑换账户的设立，这样 Infosys 在国外开设办事处，将员工派往国外就会容易一些，他们还从国外邀请咨询师对员工进行质量、市场营销、品牌方面的培训。这几方面的变化促使 Infosys 产生新的思维模式，一种更加务实的全新的开展业务方式在 Infosys 诞生。1993 年 Infosys 公开上市，融资 1.3 亿 ~ 1.4 亿卢比，部分资金用于建立第一个软件园，致力于质量方面的改进工作；部分资金用于雇用国外咨询师。1992—1995 年是 Infosys 发展的另一个重要里程碑，说服了美国的公司客户相信由 Infosys 开发的软件是值得信赖的。之前，不少西方大公司根本不把印度软件业放在眼里，认为印度软件业不入流，或者是盗版的。经历了几个月的周旋，Infosys 获得印度政府的批准，才得以派遣几名员工前往美国为当地的企业设计新的软件，经过几年的不断努力，终于打开美国市场。

Infosys 建设了印度的第一个软件园，当初出发点在于作为上市公司，需要吸引更多优秀的人才，并使投资者对股票产生青睐。软件园的建成使 Infosys 形成了新的优势，在技术基础设施方面进行更大的投入。即使在今天，在所有的印度公司中，Infosys 在技术设施方面的投入比例也是最高的。这种投入能够确保 Infosys 全心全意地面向市场，而不用担心海外出差的换汇等。也就是说，为业务提供支持的职能性部门已经产生深刻的变化，能够确保 Infosys 全身心投入到市场方面。随着 Infosys 等一批印度软件业代表的崛起，这些公司总部所在地——印度班加罗尔也发生了巨大变化，成为印度软件业中心，被喻为"印度硅谷"。不少跨国企业在当地开设业务，当地也成为吸引和培养来自世界各地软件业出色人才的摇篮。

（三）两次上市奠定国际地位

1993 年，Infosys 发展到 500 名专业人员，分布在班加罗尔郊区五幢办公楼里。1993 年，Infosys 在孟买股票市场一上市，它立即在班加罗尔郊区购买了 5 亩地，开始为员工修建各项设施，以便为员工提供舒适的工作环境。

1999 年 3 月 11 日，Infosys 作为第一家在美国纳斯达克上市的印度企业，对全印度 IT 精英来说是极大的鼓舞。在美国纳斯达克上市的时候，穆尔蒂站在数以百计的闪光灯前，这是非常令人欣欣鼓舞的时刻，这是第一次有印度人站在那里。穆尔蒂引用了人类第一个登上月球的宇航员阿姆斯特朗的名言："纳斯达克的一小步，是 Infosys 及印度企业的一大步。"坚信表现赢得认可，表现赢得尊重，表现赢得权力。

2006 年 12 月 12 日，Infosys 纳入美国纳斯达克 100 指数，这也意味着表现已经得到了美国股票市场的认可，Infosys 一跃登上世界舞台。Infosys 把 30 万股份转手给美国投资者，总价值高达 160 亿美元。2008 年 Infosys 的净利润上涨了 30.2%，达到 5.46 亿美元；与此同时营业收入则比去年同期上涨了33.5%，达到21亿美元。在此之前，Infosys足足用了23年的时间，在2004年达到年营收10亿美元的大关；而突破20亿美元营收大关，则只用了23个月。目前公司员工总数近10万人，遍布全球各地。

三、Infosys 在中国的发展

Infosys（中国）是Infosys技术有限公司的全资子公司，总部坐落于上海。Infosys于2003年投资创始资金500万美元，成立中国子公司——Infosys（中国），截至2007年共投入1 000万美元，并计划将其作为印度班加罗尔全球交付中心之外的第一个位于亚太地区的全球交付中心，分别于上海浦东软件园和张江高科技园区成立开发中心，杭州成立业务流程外包中心。该公司的员工总数超过1 200名，分别来自全球十几个国家（如印度、美国、加拿大、澳大利亚、新加坡、马来西亚、菲律宾、中国等），员工人数仍在不断扩大。Infosys（中国）积极在中国及全球招揽具备各种技术和专业领域专长的优秀人才，致力为全球2 000强和亚洲（包括中国在内）的大型公司提供低风险、多领域、高效率、高技能的项目实施团队和解决方案。秉持对质量的一贯坚持，Infosys（中国）于2007年8月成为中国第一家通过CMMI（V1.2）LEVEL5认证的软件咨询服务公司，并在同年9月通过ISO 27001认证。Infosys（中国）正以快速的扩张速度和全方位的服务，致力成为中国最好的软件咨询服务公司。

第二节　Infosys 的核心竞争力

Infosys的主要业务是向企业客户提供信息基础设施从而帮助其形成竞争优势。Infosys还提供信息化战略咨询及解决方案，提供维护、系统优化、系统整合服务，也提供应用解决方案，为银行及金融服务系统提供市场营销软件。

Infosys为企业客户建立软件研发中心。它提供的解决方案涉及多个领域，包括电子交易及电子商务、仓库及仓储管理、客户关系管理。它34%的收入来自保险业、银行业、金融业。由于公司设定的新的业务增长点为信息咨询服务，这使得Infosys占据价值链的上端。

一、效率来自民主管理

Infosys在同印度其他软件巨头，如Wipro公司进行着激烈的竞争，在Axon收购案上还曾落败于HCL科技公司。Infosys曾在2008年计划收购位于英国的Axon公司，若能如愿，这将是Infosys最大的收购案，合并后Infosys将成为印度最大的国际软件服务

提供商。尽管最终未能如愿，但穆尔蒂仍然对 Infosys 的领先地位表示乐观："这是一家由来自世界各个不同国家、不同种族、不同宗教信仰的员工组成的具有充分竞争意识、和睦融洽、专注于为客户创造价值的公司。我们已经取得了一些成功，但还有很多路要走。我们的最终目标是在世界范围内获得胜利。"

Infosys 是崇尚民主的公司，同事们在这里争论、激辩，最后产生一个基于争辩、事实、数据的结论。正如诺贝尔经济学奖获得者 Amartya Sen 所指出的，民主从来不会陷入混乱，因为即使是反对意见也是为了能够寻求更好地发挥自己的角色。简单地说，正是因为公司是民主的，所以它从未陷入混乱。

世界上只有 65% 的软件项目能够按时在预算范围内完成，而 Infosys 可以做到 92% 的项目按时在预算范围内完成，这证明了 Infosys 对预算控制的能力。简单地讲，因为 Infosys 关注于培训，在质量和效率方面进行了大量的投入，所以他们研发的软件具有灵活性、适应性和规模性，最终能够在过去 10 年中相对于发达国家同类产品的成本低 30%～40%。这部分节省出来的成本可以用于发展新客户、创造新的就业岗位。

二、最大优势在于品牌效应

Infosys 最大的优势是其在世界 IT 服务领域内创建的品牌效应。它通过收购 Progeon 公司进入业务流程外包（BPO）领域，现在更名为 Infosys BPO。它的其他 5 个分支机构分别设立在澳大利亚、中国、北美、墨西哥和瑞典。Infosys BPO 的战略是尽量避免成为联合体的分包商或仅仅是为某个工作提供人力。它明确提出将通过关注大型项目，来发挥技能优势。穆尔蒂非常有信心地表示，Infosys 正在同该领域最优秀的公司 Accenture 竞争：

我们正致力于研发客户化定制的应用软件来形成竞争优势。毕竟战略的本质是如何在市场中形成独一无二的特征。如果一个公司想成为唯一，就必须同客户、员工还有投资者形成独特的界面关系。这就意味着要么你要给客户提供定制化的软件，要么在标准化的方案上提供个性化的界面。只要有业务，我们就一定能够生存，但是，我们需要做到能够使客户在观念上更加注重我们的业务价值。在软件外包行业中，第一次出现了像印度这样的发展中国家来书写游戏规则。IBM、Accenture 这样的公司意识到，如果它们想继续生存下去就必须按 Infosys 的规则来参与游戏，它们不比 Infosys 更加优秀。

正是这些价值观使得 Infosys 能够区别于其他竞争对手而存在。Infosys 是世界上第一家采用客户国家的财务会计制度来发布财报的公司，这些客户国籍包括：美国、英国、澳大利亚、加拿大、法国、德国，还有日本。同时，Infosys 也是第一家引领印度关注于知识经济的公司，为班加罗尔成为世界重要软件中心做出了巨大贡献，使之成为"印度硅谷"。

第三节　Infosys 的管理诀窍

Infosys 创立者穆尔蒂曾经说过："我们公司已经成为印度创业者的标杆。我们创造了超过 10 万的就业岗位，兼顾了所有利益相关者的利益。强烈的使命感驱使我们尽最大的努力使公司更强更好，以持续发挥印度企业的先锋作用。"

Infosys 的成功得益于他的创始人所推崇的透明的管理制度和财富共享原则。他是多项创新的引入者，其中包括于 1994 年率先实行员工持股制以吸引优秀人才。在西方公司面前证明了印度人的实干后，穆尔蒂将很多理念灌输到公司的发展中，包括他对甘地的信仰：创造合法公正的商业环境；开源节流；创造并分享财富；以个人的行动来进行标榜。

一、世界第一张独特的财务报表

2002 年，全世界的首席信息官都在压缩技术开支。然而穆尔蒂则认为，由于公司产品成本较低，因此新一轮的节俭之风恰恰有利于公司的发展。有鉴于此，Infosys 不仅没有收缩战线，反而加紧招兵买马，并且在海外发起了咄咄逼人的销售和营销攻势。结果，IT 寒流肆虐、纳斯达克指数自由落体的 2002 年，却成了 Infosys 业绩最辉煌的一年：利润额同比增长 24%，销售额提升了 45%。在财务账目造假现象猖獗的时代，穆尔蒂使 Infosys 成为拥有完善公司治理结构的典范。它是全球唯一一家根据 8 个国家（美、加、英、法、德、澳、日、印度）的会计标准制定财务报表的公司，其年报中公布所有董事及 452 名高层管理人员的薪酬分配方案细节。

二、金钱的真正力量在于施予

宣称自己的目的从来不是赚钱的穆尔蒂与大多数商业领袖有着不同的世界观："当一个人有了钱，他就忘了自己是社会的一部分。我相信只有像普通人一样与现实保持接触，才能体现自己的价值。"穆尔蒂与 Infosys 的其他创始人共同保持着这一观念，他们的个人财富中有 60% 被放进 Infosys 基金，被用来资助慈善事业。穆尔蒂的信条是：金钱的真正力量在于施予。他梦想着印度实行"有人情味的资本主义"和"社会民主模式"。23 年来，穆尔蒂一直在赚钱和道德两个方面试图成为他人的榜样。尽管个人拥有 Infosys7% 左右的股份，但这位企业大亨的生活却极其简朴。他至今仍住在创业时居住的只有两个卧室的公寓里，每天自己打扫卫生间，经常到公司食堂擦地板。他开的是一辆普通的三菱蓝瑟。穆尔蒂本人认为，他可以传授给印度青年企业家的是："首先，把中短期的群体利益看成你自己的利益，你就会成为长期的赢家；其次，奉行一整套价值观念，通过这些观念来鼓舞周围的人；最后，过去的事情对现在一点意义也没有，你只能跟未来三个月的你相比。判断一个人的价值所在，只能通过你如何解决问题，你如何为全球市场增加价值。"穆尔蒂说："伟大的公司掌握着它们自己的命运。CEO的首要职责是保证 4 个任务的实现：可预见性、可持久性、可营利性和风险的可排除性。"

三、善待员工的基本理念

Infosys 的高层经理人员很早就意识到，跨国公司吸引人才的两个关键因素是报酬和工作环境。为此公司向员工做出承诺，确保 Infosys 员工们的工资水平居于同类企业前 10 名左右的位置。此外，Infosys 开印度其他公司之先河，向员工们发放公司股权。为了应对跨国公司在印度的第二次人才大战，穆尔蒂从 Infosys 首次上市募集的款项中，抽出了大部分资金用于改善员工的工作环境和设施。

作为具有鼓舞性的领导者，穆尔蒂将他的很多理念都灌输到公司发展的轨迹中，其中就包括没有性别歧视的企业环境和机遇平等的理念，员工中女性占到26% ~ 27%。在理想层面上，Infosys 希望员工中的 50% 能够为女性，其招聘政策正在朝着这个目标努力。Infosys 有多样化培训计划和性别倾向培训计划，创造条件来吸引女性工作者，包括为不同年龄阶段的女性提供儿童托管服务。

Infosys 的收购战略中也贯穿着员工第一的价值观：两家公司必须要有强烈的互补性，而且客户群不能有很大的重叠，以保证合并后有足够的业务拓展空间。同时，被收购公司必须能使毛利率接近 Infosys 26% 的水平，该盈利水平在行业中位于第二名，这点很重要。因为只有这样才能保证 Infosys 在完成收购案后的两年中通过整合迅速达到或超过原来的盈利水平，为员工提供更好的机遇、更高的收入和利润，直接提升员工的生活水平。

对于客户来说，这意味着更加专业、更加点对点的解决方案，更好的业务价值和更大范围的服务。已经有 20 000 万名员工（应当指获得员工持股激励的部分员工）分享 Infosys 发展中的财富并改善了自己和家人的生活状况，但是另外的 85 000 名员工还没有获得这样的机会，因此这些已经受益的员工应当承担起他们的责任而更加努力地工作，以确保其他 85 000 名员工能够从公司的发展中受益。

第四节　Infosys 的战略决策

Infosys 之所以成功，主要是因为其战略决策成功。Infosys 的核心战略是全球化战略。

一、全球交货模式

Infosys 成功的关键在于"全球交货模式",该模式充分应用并尝试服务外包的可能性和优势。但这并不意味着 Infosys 仅仅局限于低端的服务外包层面,穆尔蒂对公司的愿景描述如下:

Infosys 将大规模软件研发项目分为两类事务:第一类事务为必须同客户接触的工作;第二类事务指适合于在人才资源充足、流程驱动、成本低廉的印度来完成的工作。

第一类事务包括定义客户需求、安装客户端软件、软件使用培训等。这部分活动包括业务咨询、IT 咨询、需求定义、软件安装、培训、快速反应维护服务。

第二类事务包括详细的功能设计、详细的技术设计、数据库设计、编程、测试、创建文件系统及长期维护服务。Infosys 已经创造出全新的流程以确保同客户的无缝连接,该模式归功于完善的管理流程、招聘体制和培训体制。为保证高标准质量,CMM(能力成熟模型)、ISO 和六西格玛全都被整合到公司的内部流程中。

建立在世界最高软件认证 CMM 体系的基础上,Infosys 在面临全球经济不景气时仍然充满信心,其收入65%来自北美,23%来自欧洲,9%来自日本、澳大利亚和其他国家和地区。公司于 2009 年加大了对欧洲市场的投入,并计划在拉美国家墨西哥的 Monterey 设立分支机构,以更靠近北美市场。

二、环球人才计划

Infosys 在 63 个国家聘用来自 70 多个国家的 105 000 名员工,它可以被称为印度 IT 领域最贪婪的招聘者,每年有超过 100 万人应聘该公司的职位。2007—2008 年,该公司计划招聘 25 000 人,但实际招聘人数则大大超过此计划,达到 33 177 人。

同美国竞争对手不同,Infosys 在前端能力的建设上,除在英国和部分东欧国家有一定优势外,在其他欧洲国家均处于劣势地位。欧洲市场多语言环境成为 IT 服务外包公司最大的困难。在欧洲市场服务外包业务面临的最大的阻力来自对数据安全的严格立法。尽管如此,穆尔蒂仍充满信心地表示:"在贸易壁垒减少的大环境下,全球化进程正在加快。欧洲国家在签证政策上对技术移民的放松给我们以强大的鼓舞。"

作为一家处于全球化发展阶段的公司,其最大的阻力来自如何创建多元化的人力资源结构。Infosys 坚持招聘世界上最好的大学培养的毕业生,并在位于卡尔纳塔卡邦的迈苏尔全球培训中心(Mysore)进行统一培训。Infosys 的"环球人才计划"非常有名,该项目致力于在全球范围内吸引最优秀的人才。公司持续从美国、英国、中国和澳大利亚招聘优秀技术人才,并在 Mysore 进行培训,以期望将其培养为有成就的人。

三、从容面对全球危机

尽管经受了世界金融危机的冲击,Infosys 仍然表现得非常乐观,把这次金融危机当作一次机遇,前提是 Infosys 必须全面致力于在世界 IT 服务外包产业领域取得主导地位。

"我同中层管理人员进行过多次会议,一致认为,必须致力于客户的需求,为客户提供增值方案。一旦客户意识到 Infosys 的存在可以使自身获得成功或更好的发展,他们就会将 Infosys 列入重要合作伙伴清单,即使在最困难的情况下依然会保持合作。经济危机的到来,使越来越多的客户意识到关注业务核心价值、削减运营成本的重要性。"

2008 年 10 月,世界范围内金融危机的发生使 Infosys 意识到需要对未来几年的业绩增长目标进行调整,它把业绩增长目标从原来的 19% ~ 21% 调整为 13% ~ 15%。由于美元对英镑和欧元升值,而公司纳斯达克上市财报以美元结算,此项影响将使公司美元结算收入减少 3%;再加上公司收入中的 2.36% 来自金融业,此次金融危机使该行业受损严重,所以将预期业绩增长调低 30%,这是比较合理的。

1991 年 IT 服务外包市场在印度的规模为 15 亿美元,2014 年印度市场的规模为 870 亿美元。Infosys 曾以每年 300% 的速度增长,这是难以预料的。从 250 美元开始,经过 30 多年的运营,员工从 7 人增长为 10 多万人,收入从 1981—1982 年度的 13 万美元增加到 2008 年的 50 亿美元,市值增长到 160 亿美元,这足以证明 Infosys 成功建立了一家大型的、在国际上受到尊重的、具有影响力的公司。

从公司在孟买的一个小房间成立开始,穆尔蒂就开始持续关注数据的重要性。在他的决策过程中,数据仍然是最重要的参考基础。他认为,如果能通过数据的支撑推断出结论,就能够有效避免个人感情因素的影响。他强调:"当你关注于数据的时候,你会挖掘出内在的模式,得出你认为不可能的结论。"

第五节 Infosys 对我国服务外包企业的启示

在今天这个飞速发展的时代,没有一家企业敢说自己可以基业长青。强大如通用汽车都免不了破产重组,光荣如摩托罗拉也会被别人收购,伟大如诺基亚都会走向衰落,还有柯达、雅虎……还有什么是不可以发生的吗?但是,这也是一个奇迹频生的时代,苹果可以绝境重生,从破产边缘迈向全球第一大市值的企业;高通能够突破一隅,从无线技术公司转为全球最大的手机芯片企业;小米能够在两年内成为世界上最早突破 20 亿美元年营业额的企业,还有腾讯、阿里巴巴……还有什么是不可以发生的吗?关于"未来"的话题,对每个企业来讲,都像一个魔咒,充满魅力也充满危险,应当如何对付这个不可预知的"未来"？全球经济在下滑，但仍有许多企业能够异军突起，获取巨大的产业利润。无论是制造、金融、零售行业还是能源使用与服务和通信行业，在一批批企业倒下的同时，站起来的也不乏其人。未来应如何更好地维护和发展现有市场？如何创造更多的价值？这个看似无解的问题，在印度的"微软"——Infosys看来，只有发展和建立"未来型企业"才能适应变化着的市场。对 Infosys 来说，未来的一切都来自你今天的态度：你的管理面向未来，就可以从容应对未来；你的管理停留在昨天，你的企业最终也会成为明日黄花。只有"未来型企业"才会有未来的发言权！

那么，什么是"未来型企业"呢？Infosys 将这个复杂的问题拆解为七个方面：数字消费者、新型商业模式、可持续发展的未来、智能化企业、新兴经济体、普适计算和健康医疗经济。在未来，这七个方面的影响力将不断增强，并且极大地扩展了信息技术所主导的创新领域。Infosys 相信，认识这些驱动因素所带来的巨大潜能，是"未来型企业"打造竞争力的重中之重，只有将新思路及技术突破融入到现有的生态环境中，企业才可以坚实稳健地迈向未来。很多人可能觉得"未来型企业"有些概念化。事实上，作为具备 30 多年服务全球一流企业的 IT 服务商，Infosys 对此有着非常实在、简单而系统化的诠释。就拿数字消费者的话题来说，Infosys 会告诉你，今天的"消费者"已经不是坐在那里看广告，然后买了产品拿回家的定义了，他们将参与你产品开发与服务的全过程，在与你的互动中找到属于自己的东西；他们不再喜欢接受你客服电话里的声音，而更愿意通过"自助服务"达到满意的状态；他们不再是被动的接收者，而是你业务的一份子。你所面临的消费者已经不再是汇报中那一串串冷冰冰的数字，如果你不能让某一个贡献数字的人高兴，那你的企业就会"不高兴"？这就是今天我们身边发生的现实，如果没有无数既是消费者又是开发者的参与，苹果的 App store 就是个空壳子，而安卓系统又哪里有今天的辉煌？

让我们再看看新型商业模式吧，在移动互联和社交网络的驱动下，这可不仅仅是个概念。一个孟加拉国无力承担高额房租的理发师，通过一部手机和摩托车联络客户，结果成为那一带最能赚钱的师傅；一个怀揣梦想无力实现的设计师，在网上预售自己的天才设计，收到的货款足以开一家公司；中国一位怀才不遇的作者通过互联网销售文章成为百万富翁。移动互联与社交网络既像魔法一样造就出许多奇迹，也像寒风驱散着没有把握机遇的人。你愿意当奇迹的受益者还是被淘汰的人？移动化、微型化的新型商业模式变迁产生了新的商业规则，潜藏着巨大的生意机会，就看你是否能拿得下。

而智能化企业，对 Infosys 来说，可以随便抽出大把的案例来说明它的高效性。美国某大型邮政物流公司，就其运营规模和复杂性而言，旗下多家办事处运行的 IT 系统非常低效。信息延误会影响收益、消费者满意度和运营效率。企业一直在寻找具有"成本和时间效益"的解决方案，使用Infosys量身开发的方案后，将 20 万个日检查点的信息延迟从原来的 8 小时降低到 15 分钟。它还帮助公司跟踪业务进程，并即时更新用户信息。此外，他们还通过对每天 3 万货运量的及时检查缩短了收入周期。

以上只是 Infosys "未来型企业"的几个方面。需要注意的是，Infosys 所能为企业提供的，可不仅仅是定义、概念那么简单，它更是一个"接地气"的、让企业的信息化系统为业务提供更为实在的系统化解决方案。Infosys 通过以下三个聚焦领域帮助你应对复杂的业务挑战，获得可衡量的商业价值。这也是对中国服务外包企业最有启迪意义的三个法宝。

一、及时转型

早在中国本土的软件服务外包公司高速成长的同时，Infosys 已经率先脱下了低端服务外包这顶帽子，开始走向高端服务外包的咨询业务。

以 Infosys 为例，这家于 2012 年被 Cognizant 超越、让出"全球最大 IT 外包服务商"桂冠的印度服务外包巨头，终于在当年 8 月 9 号迎来了一个好消息：印度邮政、通信和信息部与印度政府联合宣布，由 Infosys 负责其金融及保险业务的转型。根据协议，Infosys 将为印度邮政安装其自主研发的核心银行和保险系统，项目总价值约 1.26 亿美元。

对于市值超过 234 亿美元的 Infosys 而言，这份来自印度国内，而不是其最传统客户所在地欧美的订单，来得很及时。作为一家有三十多年历史、一度曾是全球最大的软件服务外包企业，Infosys 正谋求转型，公司新任 CEO S. D. Shibulal 希望把 Infosys 变成一家科技和商业咨询服务外包公司，它急需一个成功的项目回答纳斯达克的质疑。

Infosys 之前公布的 2012 财年第四季度（2012 年 1 至 3 月）财报显示，其收入增长率低于预期 2.2%，同时 Infosys 下调其下一财年业绩增长率的预估指导值为 8%～10%，远低于印度国家软件和服务业企业行业协会给出的全行业平均增长值 11%～14%。

纳斯达克的投资者们关心的显然不只是股价，而是 Shibulal 主导的"Infosys 3.0"转型。"没有所谓的最佳转型时机，但如果不转型就一定会死。"在这位新晋 CEO 的蓝图里，Infosys 将不再止步于一家传统的软件服务外包公司，Shibulal 希望把 Infosys 打造成一家创新型服务外包公司，除了外包软件的开发和维护业务之外，来自商业咨询、自主高科技软件持续订阅业务的份额也将大大提升。2010 年，Infosys 正式将其公司名从"Infosys 技术有限公司"变为"Infosys 有限公司"。

在 3.0 战略下，Infosys 将自己为客户提供的商业价值定义为三条：高效运营、业务转型和加速创新。对应地，公司业务结构也调整为三大块：运营型服务、改造型服务和创新型服务。Infosys 在 2011 年 2 月宣布成为电信运营商 Bharti Airtel 手机支付业务"Airtel Money"的合作伙伴，帮助消费者使用手机支付账单、为账户充值，并使其可以在超过 7 000 家商店内消费。

Infosys 的 10 多万员工中有超过 3 000 名年龄为 45～55 岁、行业背景很深的骨干员工，公司在各行业都拥有从业 20～25 年的专家，这就是 Infosys 拓展面向不同用户群创新产品的基础。传统的外包项目不仅帮助 Infosys 完成了原始资源积累，并且储备了创新基因，支撑了 Infosys 意欲从"技术伙伴"转型为"商业伙伴"的野心。

在 Infosys 的组织结构上，每条产品线都是在做市场上没有的、开创性的事情，他们都被当成一个创业小团队来对待。每个产品的负责人都被要求拥有产品愿景、负责产品规划和设计商业模式，而领导则需扮演风险投资者的角色。职业经理人制度为此提供了试错的机会。

对我国的企业来说，由于历史原因，国内的企业长期做的是被动的离岸外包，技术积累被严重分割，状态有些像打临工。在做离岸服务外包的时候，国外公司通常是把前后衔接的服务流程设计做好了，我们这边只需要测试、编码，有时候甚至不知道他们是在给谁提供服务的。走向价值链的高端是件容易说却难做到的事情。Infosys 将测试和编程这种低端的业务的 30% 向高端的咨询服务业务，是 10 年的经验积累和持续不断投资的成果。

二、加速创新

Infosys 强大的研发中心可作为客户企业的协同创造引擎，以利用新业务趋势所带来的机遇。很多人通过《世界是平的》这本书认识了印度第二大软件公司 Infosys，在 2004—2008 年间他们曾经的口号 "Win in the flat world"，影响了很多客户。在这段时间，世界范围内掀起了全球化扩展的热潮。Infosys 对于企业如何在全球化格局内做利润和风险的平衡、提高客户忠诚度、通过技术让客户从信息中获得更大的盈利等方面为全球服务外包企业树立了一个标杆。

然而，2008 年金融危机的爆发，改变了全球的格局，许多新的科技随之出现。趋势的改变使 Infosys 和他们的客户企业都开始思考：如何才能为自己的未来做准备。在未来世界，Infosys 希望通过与客户的共同努力，使 Infosys 变得更加数字化、灵活、全球化。为此，Infosys 将自己的口号改为 "建设未来型企业"（Building Tomorrow's Enterprise），面向未来成为了 Infosys 的最大主题。

大数据就是未来的一大主题。"我们现在在做得更多的是在大数据的情况下了解客户的基因。"Infosys 高级副总裁 Sanjay Purohit 先生在接受 Chinabyte 比特网采访时表示，"我们在做的产品，就是为了更深入地了解客户需求，更好地理解人类是如何思考的"。就网购而言，用户在购买照相机镜盖的时候，网站往往会推荐一些其他的相机配件给你，如屏幕保护膜等产品，这就需要智能化。让客户在开放式的商业环境中，使用 Infosys 的产品，能够更好地整理出适合自己的商务模式。

移动化，作为一个非常明显的趋势，也受到了 Infosys 的很大关注。Infosys 在手机平台上的投入非常大。一般而言，企业在做手机产品开发的时候，需要针对不同的手机平台分别开发。而使用了 Infosys 的产品之后，开发者在开发了一款产品之后，能够立即在超过 6 500 款手机上使用，无论是 IOS 还是安卓系统。

另外，还有自然语言研究、云计算等新科技，将成为未来世界的主旋律。如何更好地使用这些科技，Infosys 希望做的不仅仅是流程自动化，而是创造一个新的模式，做一个所谓 "破坏性的创新"。这种破坏性的创新在零售业显得尤为明显。有许多在传统零售行业非常领先的企业，面对电子商务的冲击，他们也将 "向互联网转型" 定为自己未来发展的模式。对此，Sanjay Purohit 先生也给出了非常中肯的意见。他认为，传统的零售业要进行转型，有三点值得注意。首先是速度，转型越快越好，要迅速地搭建起一个在线的电子商务平台；其次是良好的用户体验，用户能够方便地使用商家的网站，这一点非常重要；除此以外，在线的商家还要建立起一个有效的机制，使其与合作伙伴能够进行协同工作和共同创新，以便搭建良好的生态系统。

而 Infosys 在这三点上，都有相对应的产品，能够为客户提供很好的帮助。未来的电子商务也还有许多值得关注的地方，比如根据用户的兴趣来组织一些网站内容，带来新的在线体验。这也是 Infosys 正在做的事。相信在未来更平的世界里，Infosys 以及各行各业的公司都将不断思考和探索着自己的明日之路。

三、高效运营

Infosys 将经过广泛验证的最佳实践方法用于帮助客户实现高效的业务运营（无论业务规模大小），从而释放更多资源，为转型和创新引领的增长提供支持。

Infosys 展示出全球 IT 服务提供商在以移动互联网、物联网与云计算为代表的产业格局中出现的全新变化，与企业共同面向"未来危机"，打造"未来型企业"已经成为全球 IT 服务业的核心。而对于企业自身来说，无论具备多么强大的 IT 系统支持与管理模式，如果不能具备"未来意识"，一切都将是空谈。从这个角度来说，要解开企业的未来之惑，思想、方法、工具、模式缺一不可，但关键还在思想意识上。

1. Infosys 的发展紧跟移动趋势

对于移动技术的发展，不同的企业、不同的人有不同的看法，Infosys 中国移动部门经理 Vadlamani Bhaskar 认为现在移动技术已经成为生活中不可缺少的一部分，移动技术在未来会形成一个大方向、大趋势。过去移动技术仅仅具有打电话等功能，而现在通过移动技术可以完成很多的事情比如娱乐、听音乐、办公等。在今后的四到五年的时间里，任何网页上可用的应用若不能在智能设备上应用到，便会淡出人们的视野。

Vadlamani Bhaskar 进一步指出，移动技术是今后的一个趋势，任何一个企业想要长久的发展就必须紧跟移动这种趋势。移动技术不仅仅是一种技术，基本上它已经成为一种文化，渗透到各个行业和工作领域。从行业的角度来看，零售、金融、汽车等能够率先开展移动技术，其他各个行业也都在紧锣密鼓地部署移动技术，抢占先机。

如果企业现在还没有着手移动技术，那么显然是有些落后了。移动技术实际是一个普遍的"工程"，它是一个新的发展趋势，但是移动技术的发展趋势与过去传统的电脑发展趋势不同：电脑的发展趋势是有形的，而移动技术的发展则是无形的。它在不知不觉中发展起来，并且让所有人接受它。对于企业用户而言，移动技术甚至已经成为企业通行的一张"名片"。

实际上，现阶段企业以及 CIO 已经意识到移动技术的价值，之所以不敢迈开大步应用移动技术，是因为有许多的问题令他们担忧，主要有以下几个方面：第一，技术因素。对于小企业而言它在开展移动时，业务简单、平台简单、技术比较单一，它采用移动技术则相对容易一些；但对大型企业而言，由于业务、平台、技术相对复杂并不能很快速地开展移动，存在一个兼容性问题。第二，安全因素。第三，技术问题。安卓、IOS 等各个平台所用的技术都不一样，这对大型企业来说，即使他们想全速行动，也会因缺乏足够的技术储备而感到力不从心。

面对以上问题，Vadlamani Bhaskar 建议企业 CIO 在开展移动技术应用时，首先要有一个策略：想要做什么？这个策略的核心在于如何改变企业的业务以及作为 CIO 如何改变业务。其次，让客户投资移动技术以后找到新的客户。最后，企业效率的提升，有了移动技术可以随时随地办公。另外，移动技术有很多平台，企业要根据需求寻找切入点。

2. Infosys 帮助企业紧跟移动"潮流"

移动技术不仅仅受到行业内企业 CIO 的关注，同样也受到服务商的关注。Infosys 同样非常重视移动领域，因而单独成立了一个移动部门。

作为一家跨国的企业，Infosys 在移动领域有了许多的举措来帮助企业紧跟移动这一"潮流"。Infosys 的移动部门是独立的，彰显出其对于移动技术的重视。同时，Infosys 移动部门是 Infosys 发展非常快的部门，它的核心就是要帮助企业变革业务、降低成本、提高利润，所涉及的行业包括了银行、零售、制造业、公共事业等多个行业。

从移动产品以及服务层面来看，Infosys 同样也是"重拳"出击，通过多个方面为企业提供服务：第一，移动服务领域。提供咨询、用户体验、平台、解决方案、测试、部署 APP。第二，移动平台服务。如移动加速器、APP 等。Infosys 提供了多达 15 种移动解决方案包括移动钱包（Mobile Wallet）、数字营销等。Infosys 的移动钱包产品在印度备受电信、银行的关注，通过他们的部署应用，移动钱包能够为消费者提供了一个"掌上银行"。

从开发的角度而言，由于移动开发涉及多个开发平台，导致移动开发通常会遇到开发难、兼容性差等多个难题。面对移动应用开发过程中遇到的难题，Infosys 提供的 mConnect 集成平台集开发、部署于一体，减少了企业 IT 人员跨平台移动开发难题，大大提升了企业部署移动效率。实际上，业界有很多移动开发平台，但 mConnect 相比于其他平台更加具有优势：第一，与其他的开发平台相比，它的功能更加全面。第二，mConnect 平台新增了许多独特的工具来帮助企业开展移动应用，比如基于地点服务发送短信到非智能终端上。第三，在性价比方面，mConnect 相对于其他的平台要更加实惠。第四，Infosys 作为 IT 服务企业，mConnect 会有许多系列的关联的服务。第五，从技术易用性以及安全角度而言，mConnect 只需要操作人员懂一些技术就可以应用，对于企业的 IT 人员而言，不需要了解过多的技术就可以帮助其开展移动应用。在安全层面，mConnect 自带的许多工具以及加速器能够确保移动技术应用的安全性。

Infosys 不仅为企业提供移动咨询服务，还为其提供产品与解决方案。对于企业而言，Infosys 所提供的服务及产品无疑是开展移动应用的最优方案之一。事实上，已经有许多的企业借助 Infosys 的移动服务以及产品解决方案创造了新的业务价值。比如某服装企业早在多年前就开始采用移动技术来开展业务，基于 Infosys 所提供的移动服务，目前该服装企业 80% 的营业收入是来自移动技术的应用；同时，基于移动技术，还实现了消费者与客户之间的互动，加强了客户与消费者之间的黏性。

未来我们将看到越来越多的企业开展移动技术，并且借助如 Infosys 所提供的专业的服务以及移动产品，必然能够使企业在成长中创造出更大的价值，帮助企业发展、壮大。

第二章　华丽的"蜕变"：威普罗（Wipro）

第一节　Wipro 的发展历程

2005 年 10 月 9 日，65 人聚集在班加罗尔威普罗公司（Wipro Ltd）总部庆祝公司信息技术业务部门（Wipro Technologies，以下简称 Wipro）成立 25 周年。他们是 Wipro 品牌勇往直前的缔造者，他们把 Wipro 从印度西部的一家食用油工厂发展成为向世界传播先进技术的科技大公司，这一神奇的转型被业界称为华丽的"蜕变"。利兰·科尔也出席了此次庆典，就是这位美国人在 1980 年将核心软件技术特许给 Wipro，使之成为 Wipro 最初计算机软件业务的核心部分。董事长阿齐姆·普莱姆吉在会上作了简短的讲话，而后与会成员聆听了斯里德哈·米塔的演讲。米塔是普莱姆吉聘用的第一位技术人员，他曾是公司任职时间最长的首席技术总监，现在他是班加罗尔 e4e 科技服务公司创始人，并担任该公司的首席执行官。米塔回顾了自 1980 年以来 Wipro 的发展历程，并分析了 Wipro 的成功因素，"我们做对了十二件事，少做一件都不会取得今天的成功"，米塔回忆说，"一半靠规划一半靠运气。"

一、挽救家族企业，从花生里榨取利润

普莱姆吉永远会记住 1966 年 8 月 11 日这一天。这一天，正在美国斯坦福大学工程学院读四年级的普莱姆吉突然接到母亲打来的电话，告诉他一个如雷轰顶的消息：他的父亲因心脏病去世。普莱姆吉稍作安排后，便乘机赶回家乡孟买。离开旧金山机场时，普莱姆吉希望能够及时返回学校开始秋季的学习，他还有半年就毕业了。父亲的去世不仅是一场严酷的家庭变故，也是年轻的普莱姆吉人生发展中的一个重大转折。普莱姆吉放弃了自己"担任世界银行决策者以发展第三世界"的理想，转而投身于挽

救停滞不前、濒临倒闭的家族企业。

幸运的是，普莱姆吉身上流淌着企业家的血。他的祖父白手起家，成立了印度最大的散装大米贸易公司。他的父亲最初帮助家里经营公司，而后独自创业，于1945年成立了从事蔬菜加工和运输业务的西印度蔬菜产品公司。不过，他的父亲不关注业务的基础环节，而喜欢充当一位决策者，游说印度政府减少对谷类食品干预，并担任数家公司的董事。1966年8月15日，年轻的普莱姆吉返回家园，他发现父亲经营的家族企业一片混乱。此外，他发现父亲已决定让他管理公司，这是他义不容辞的责任。"这仿佛像是被推进一个游泳池。要想不溺死水中，你必须迅速学会游泳。"普莱姆吉说道。

普莱姆吉很快就进入了角色。尽管忠于其父亲的经理们也对他忠心耿耿，但公司的管理团队力量薄弱。公司共有员工350多名，业务主要集中在孟买附近，年销售收入只有300万美元。该公司作为印度首批上市公司，股票已公开上市。上任后不久，普莱姆吉就召开年度股东大会。投资者大多焦躁不安，普莱姆吉记得有一个人站起来，抱怨说股票收益率太低，而且说："让你这样的人经营公司，不是开玩笑吗？"他要求普莱姆吉把公司卖给出价最高的买家。"再没有比这个更能让我下定决心证明给他看的事了。"普莱姆吉说道。

普莱姆吉必须迅速掌握企业经营与管理知识。以前在学校，他从来没修过商务课程，他的父亲也没有教过他。于是，普莱姆吉拜访了孟买顶级商务管理学院的一位教授，请他给自己列一个书单。随后，他买了大量书籍，利用一年的时间刻苦研读。通过阅读，他掌握了基本的管理理念，并依据现代经营理念和法则，开始系统地管理家族公司。此外，他从父亲昔日的同事那里获得了许多宝贵的意见。尽管他们已不再是活力四射的业务主管，但个个都熟悉这家食用油公司的方方面面。

在斯坦福大学的求学经历，使普莱姆吉有足够的能力担任另一种类型的领导者。与当时印度工程设计专业不同，斯坦福大学要求工程设计专业的学生修完内容广泛的自由艺术课程，其中包括英国文学、西方文明史、哲学和心理学。普莱姆吉认为，这种客户层设置使他成为一个有主见、有想法的人。此外，斯坦福大学的几年求学经历培养了他的竞争意识。返校时，他发现自己比同学落后很多，于是他奋力直追，一旦补上落下的课程，他便为自己制定了一个目标：保持在班级排名的前20%。

在艰苦创业的几年时间里，普莱姆吉确立了管理风格和公司文化，从而为后期发展打下了坚实的基础。父亲的老部下通常凭借管理经验和直觉做出决断，普莱姆吉则实施了大量的测量和分析策略。在标杆标准成为西方商界法则之前，他便要求经理人之间互相比较并衡量。

公司经营的业务主要是从农民那里收购花生榨油，生产起酥面包。采购员是公司重要的职位。他们把花生放在手里，用嘴咬，估计花生的含油量，然后根据具体的情况定价采购。由此可见，这是一个单向的过程：从农民手中获得样品、晒干、称重量、评定含油量。普莱姆吉废除了这一流程，他融入了以科技为基础的业务流程，原先不精确的鉴定体系很快就被烘干机、量尺、含油量测量仪等衡量手段所代替，最终使之成为公司的核心能力之一。这一举措成功地把父亲留给他的濒临倒闭的公司扭亏为盈。

这一变革让采购员认为自身的价值降低了。但是普莱姆吉马上委派给他们一项更重要的工作——经营。采购员负责监督零售商的销售情况，敏锐地测定供求关系，从而给出较合理的报价。为了促进每周的工作改进，每周一早晨普莱姆吉都召开员工例会，这一惯例延续至今。但是当时印度还没有电话会议或者直拨电话的设备。因此，他通过一系列的话务员协助呼叫，聆听经理人的汇报，为后续工作确定新目标。此外，他还授权经理人，让他们享有在本地定价的权力，只要他们认为价格合适就行，但前提是他们必须对公司绩效负责。这些举措对印度来讲，完全是一种革新。在以前官僚统治、传统管理和政府控制的局面下，这些措施根本无法实现。

二、摆脱本土经营模式，拓展公司经营范围

普莱姆吉做事通常以身作则，身先士卒。当公司陷入困境时，普莱姆吉喜欢延长工作时间。同时，他希望员工们也能如此。直到现在，有时他一天工作超过10小时，周末也不例外。但是，与公司早期相比，这已是一种舒适的生活了。最初的制造厂位于贾尔冈区的小村落阿默尔内尔，从孟买开车到那儿需要8小时。负债累累的公司根本买不起空调，每年夏天，公司的生产量暴跌，普莱姆吉并不认为这是不可改变的。因此，有一年夏天，他搬到阿默尔内尔，住了3个月。"从此以后，我再也没有听说夏天生产量降低的情况了。"他说。

接管公司的初期，普莱姆吉为日后打下的最坚实基础就是恪守道德准则。20世纪60年代后期和20世纪70年代初期，腐败现象在印度经济界大肆猖獗，政府官员通常会通过收受贿赂来颁发经营许可证，客户也索要回扣，而农民则贿赂办事员在秤上做手脚。普莱姆吉决定，从此以后，公司将依靠高质量的服务和产品在市场中求生存，因为他认为这才是最终提升公司在客户和员工心中地位的根本。于是他制定了"零度容忍政策"，抵制行贿、受贿和造假现象。"我们提出公司将开除采取不诚实行为的员工，这是一个是非问题"，普莱姆吉说道。此项决议一经提出，备受争议，员工对此议论纷纷。不过，最终员工还是照做了，公司因而摆脱了印度本土公司的经营模式，在竞争中独占鳌头。与此同时，一些多国公司纷纷陷入了行贿的陷阱。

最终，这家食用油工厂发展壮大。随后，普莱姆吉拓宽了公司的经营范围。他没有制定Wipro未来发展的宏伟蓝图。但是，他洞悉局势，把握机遇。20世纪70年代，西方工业巨头迅速收购其他业务公司，形成跨行业公司。他们认为，通过冒险涉足不同行业，在变幻莫测的商场中公司能够平稳赢利。于是，普莱姆吉采取多种经营，出售肥皂、饰品、生产建筑器材所需的液压构件等产品。这样，西印度蔬菜产品公司也成为一家小型的跨行业公司，并更名为Wipro有限公司。当时，这家拥有3 000万美元资金的公司，通过多种经营，保持了稳定的利润率，但在全球商界中其地位仍然微乎其微。

三、从食用油工厂涉足IT业

下一步采取的多种经营给普莱姆吉带来了巨大的成功，这是他当初回家奔丧时所

始料未及的。1977 年，印度政府通过了一系列新法规，要求外资公司只能通过印度本土公司或印度人经营的子公司实现经营，这使得世界计算机行业的龙头企业 IBM 不得不结束业务撤离印度市场。"IBM 退出时，该行业出现了空当"，普莱姆吉回答说，"于是，我们决定集中力量进军 IT 业。"

普莱姆吉和他的团队对计算机一无所知，但是，这并不能阻止他们创建一家计算机公司。普莱姆吉拜访了米塔。米塔是印度最为知名的研究和设计高级管理人员之一，主攻卫星跟踪系统。米塔提醒普莱姆吉不要涉足计算机行业，"他们不听我的劝告"，米塔说。不仅如此，普莱姆吉和他的团队还说服米塔加盟 Wipro 公司，担任研发部负责人。米塔甚至连计算机专业的学位都没有。

同普莱姆吉加盟公司苦钻企业经营管理时一样，米塔开始研究计算机行业知识。他在班加罗尔租了一间 4 000 平方英尺的办公室，穿梭于几所印度顶级技术和管理学院，学习专业知识，酝酿新产品。当时 IBM 还没有推出个人电脑，因此计算机的发展趋势还是个未知数。经过数月的调查研究，米塔决定利用微处理器，制造一台微型计算机并推向市场。在印度，这堪称为首例。该款微型计算机，不仅价格比 IBM 大型机便宜很多，而且还能执行类似的任务指令。

米塔和普莱姆吉申请获得了美国先铁安（Sentinel）计算机公司的计算机操作系统的特许经营权，并聘用 7 名员工，创立了一家计算机公司。Wipro 成为最早在班加罗尔建立科技公司的印度公司之一。

一年内，Wipro 向国外出口微型计算机。这是印度首次成功制造的、无须程序员编写应用程序便能运作的计算机。1981 年，Wipro 在德里举办的一次计算机展销会上，首次公开该款计算机。"它在印度市场上引起轩然大波"，公司首席运营官 A. L·劳说。1980 年，他加盟 Wipro，成为公司首批录用的技术员工。随后，Wipro 进军 PC 电脑市场，很快便成为印度的顶级计算机公司，它凭借先进的技术和优质的客户服务，独领风骚。

但是，好景不长。20 世纪 90 年代初，印度政府放宽商业管理法则，这必然导致全球顶级技术公司涌入印度市场，Wipro 陷入危机。普莱姆吉团队认为，从长远角度看，它根本无法与惠普、康柏和 IBM 等 PC 电脑巨头企业抗衡。这些大品牌拥有实力雄厚的研发团队和惊人的销售业绩，这使得它们能够长时间地推出比 Wipro 等印度本土 PC 电脑生产商价格更低、性能更强的计算机。

四、转型成为软件开发服务公司

Wipro 下一步会采取什么策略使自己在全球市场竞争中异军突起呢？米塔提议公司转变为向世界顶级技术公司提供工程专业技术，即出租工程实验室。"我们发现，大门向其他公司敞开着，欢迎它们进来；同样，大门也向我们敞开着，我们可以随时离开。于是，我们决定建设一个全球性企业。"米塔说。Wipro 的第一个目标就是软件编程——设计电信设备和计算机内置的应用程序。同时，Wipro 的业务还保留着电脑硬件和芯片设计。德克萨斯州仪器（Texas Instruments）和摩托罗拉纷纷在印度创建自己的软件中心，以求低成本获得高质量的商业软件。Wipro 领导者认为，他们也可以设立功能相似的公司，向更多行业的西方公司提供服务，而范围不仅局限于科技公司，还包括银行、制造业和零售商。

但是，西方资本主义巨企会放心让一个名不见经传的印度公司来代替本公司从事一些重要的脑力工作吗？答案是：短时间内不会接受。因此，普莱姆吉和他的同事们决定采取行动，让它们相信 Wipro 的实力。他们的解决方案是：积极采用国际质量标准。于是，Wipro 分析目前重要的标准，并迅速应用于软件编程和硬件研发。

1995 年，Wipro 通过了国际标准化组织 ISO 9000 质量标准与质量体系审核，当时，公司只有几百名科技员工。此后，随着公司规模日渐扩大，它又致力于美国卡耐基——梅隆大学的软件工程的研究。1999 年，Wipro 成为世界上第一家达到软件开发能力成熟度整合模式（CMM）5 级的软件服务供应商。Wipro 迅速采用六西格玛质量管理标准，提高并规范业务流程处理，改善优化技术，使之能够同时适用于设计、生产和服务领域。现在，Wipro 云集了顶级六西格玛专家，忙于实施精艺制造技术，使之应用到软件编程和业务流程外包业务中。

这些措施听起来轻松容易，但事实却截然相反。实际上，Wipro 所采取的每一项举措都与传统运营方式相抵触。恰恰因为这一点使 Wipro 历练成一家意志坚定的公司。萨布罗托·巴格奇曾长时间担任 Wipro 公司主管，现任 Mindtree 咨询公司首席运营官。他回忆了当年 Wipro 成功地在"印度硅谷"占有一席之地的艰苦经历。

首先，他必须向德里政府申请获得外汇业务的经营许可证。事务处理官只允许他兑换 10 000 美元的资金作为第一年的开销费用。他只好和妻子还有两个女儿搬到美国库比提诺市苹果公司附近的一个两居室公寓里。他把餐厅设为一间家庭办公室，并借朋友的信用卡在"价格俱乐部"（Price Club）购买了一台电脑和一部传真机，然后便以最快的速度敲打提案。孩子们则在另一间屋子里看卡通片，但一听到电话铃响，她们就会把电视机调成静音，这样就不会影响父亲接听电话了。接电话时，巴格奇会说："您好！这里是 Wipro 科技公司。"

Wipro 人奔波于美国各地，忙于开拓市场，他们过着居无定所的生活，并从技术人员那里获得线索。通常情况下，那些技术人员都是他们在英特尔、希捷（Seagate）和太阳微系统公司（Sun Microsystem）等公司结识的印度人。他们从一个城市来到另一个城市，住在廉价的旅馆里，翻阅电话簿，发掘潜在客户。然后，他们便在旅店房间里给这些人拨打电话。Wipro 企业方案部门总裁苏迪泊·巴尼杰（Sudip Banerjee）回忆说："没人听说过 Wipro，我们打了很多电话，但是没有回复。"

Wipro 业务上最大的突破便是实现了与通用电气公司的合作。1990 年，两家公司合资成立了 Wipro 通用电气医疗系统公司，专门负责向印度市场销售通用电气的医疗器械。因此，当通用电气决定在印度外包一些软件研发项目时，它对 Wipro 公司情况颇为熟悉。于是，包括普莱姆吉在内的整个 Wipro 管理团队，全身心投入，赢得了这笔业务。最初，Wipro 只负责维护通用电气的应用程序，后来又获得了研发 Custom 应用软件的业务。"这是一笔大生意，它提高了 Wipro 的声誉"，巴尼杰说。他负责指挥 Wipro 软件业务的发展，搭建了 Wipro 与 Adobe、Netscape 和 Macrodedia 等公司的重要联盟关系。软件业务独立时，他是第一任总经理。

不到 10 年间，Wipro 在业务环境中做出了两次重大变革，全面开拓了新型业务领域。"这是我们的核心能力"，普莱姆吉说，"我们能够在恰当的时刻把握机遇，集中力量获得巨大的商业成功。"

五、在高速发展的年代中寻求出路

普莱姆吉和米塔负责整体规划，美国人威菲克·保罗则负责具体运营。1999 年，世界迫切需要重新定位 Y2K 电脑千年虫软件的系统。

为了促进公司发展，普莱姆吉聘用保罗担任公司副董事长兼 Wipro 公司科技分公司总经理。最初，保罗任职于 Bain & Company 业务咨询公司。1990 年，作为首批员工，保罗受聘 Wipro 通用电气医疗系统公司，担任总经理。管理该公司 6 年后，他回到美国，负责通用医疗系统有限公司。当他决定离开通用电气时，公司首席执行官杰夫·伊梅尔特（Jeff Immelt）把他叫到办公室，问及其放弃在通用电气的美好前程而选择去班加罗尔一家小公司的原因。当时，保罗和 Wipro 已经彼此了解，他已认识到 Wipro 员工的能力，想借此机会把 Wipro 打造成全球性科技公司。"我看到了机遇，想把当时的小作坊建设成一家大企业，把卓越运营塑造成公司的核心能力。"保罗说。

Wipro 当时正处于转型期。这个时代，信息科技迅猛发展，席卷印度乃至美国和欧洲，包括米塔在内的许多公司的高级主管，纷纷辞职加盟新兴企业。当时，很多人瞅准机遇，集资建设网站，一夜暴富。此刻，Wipro 的服务业务似乎没有吸引人之处。员工们不仅担忧公司的未来，也为自己的未来焦虑不安。

保罗知道自己必须采取变革来改变这种情绪，但对此束手无策。一天，他参观了班加罗尔郊区的马戏团。他看到一头大象被地上的短桩圈了起来，大象本来可以轻而易举地掀倒这些短桩，然后获得自由，但大象连试都不试一下。保罗向驯养员询问原因，驯养员回答说，还是幼象的时候，大象就被系在了短桩上。最初，它试图离开，但屡屡失败，久而久之，它便放弃了尝试。"从大象的经历中，我认识到，人不能自我束缚。"保罗说，"我觉得 Wipro 只是不敢拥有大胆的构想。"

六、确定雄伟目标

为了激励公司员工，保罗及其助手提出了一个宏伟的目标：到 2004 年底，Wipro 将成为年销售收入 40 亿美元的公司。这就是"4 比 4 计划"。他期望可持续增长与合并、购买相结合（合并与购买各占一半）。这可是一个大胆的构想，向公司所有员工提出了挑战，激励他们充分发挥最佳绩效。"我们决定制定一个远大的梦想，并且让大家都坚信公司最终能够实现这个梦想。"保罗说。

保罗知道，仅拥有一个心智疯狂的目标还远远不够。他开始着手整顿公司，以确保目标的最终实砀。要想短时间内发展壮大，Wipro 就必须拥有一个巩固发展的坚实基础。公司必须在激发员工和业务活动的同时，不影响公司现行的规模和发展。在普莱姆吉的领导下，技术业务已成为单独的业务单元，每个单元都行使自己的管理职能。保罗设立了各业务单元共有的一系列重要核心管理职能。例如，他创建了核心员工人才库，不同业务单元的经理都可以从中挑选部门所需人才；他还设置了一个业务计分卡，这样他和经理们就可以在个人电脑上密切跟踪员工业绩并与竞争标准相比较了。此外，他也深知公司若想迅速发展，就必须添加服务项目，于是他灵活地重组公司机制，由每年一次改为每年两到三次，从而避免了大规模重组引发的混乱。

公司加快了发展进程。Wipro 在锁定的 6 个行业中迅速扩张公司实力和技能，成为服务外包领域的重要竞争者。此外，Wipro 还增加了咨询、系统集成和数据库管理等业务项目。

2005 年春，保罗离职时，Wipro 已发展成为拥有 40 000 多名员工、年销售收入高达 19 亿美元的大公司。尽管，这距离保罗制定的目标还有 21 亿美元的差距，但没有人为此埋怨他。2001 年和 2002 年，全球范围内的经济衰退减缓了全球技术领域的发展速度。由于美国实施的数起小规模收购令，Wipro 很难应对，保罗开始反对采取大规模的收购行动。保罗的成功之处在于，他激发 Wipro 把握机遇，重组公司，使之有能力充分利用机遇来创造奇迹。

七、注入新的活力

保罗决定辞职后，公司的同事都深刻反省自己和公司，决定再次进行变革。当时，印度塔塔集团的子公司塔塔咨询公司已经上市。与 Wipro 相比，它不仅规模较大，而且已经开始经营一些数额庞大的业务，尤其是在欧洲市场。Wipro 的兄弟公司 Infosys，尽管曾经规模比它小但发展势头迅猛，销售收入远远超过了 Wipro。与此同时，Wipro 在美国市场的竞争者已经摆脱了印度公司的威胁，将推出全球实施业务模式。Accenture、IBM 以及其他公司纷纷在印度设立了公司，迅速聘用数千名程序员和工程师，竞争愈演愈烈。

此外，新地区也给 Wipro 提出了新的挑战，中国就是其中一个。最初，作为低成本加工中心受阻技术领域的中国，现在迅速拓展产品设计、软件外包等领域。与此同时，印度的薪金日趋上升，但 Wipro 及其他印度科技公司不能简单地把成本增加转嫁到客户身上。它们应当进行自我革新，美林证券公司全球业务科技主管拉赫尔·麦钱特谈到印度科技公司时如是说。

普莱姆吉丝毫没有感到自鸣得意，服务全球化和合作化的理念改变了公司业务的本质，他说："没有人能够认为自己的成功理所应当，如果不能保持一往无前的动力，中国公司将会挤垮我们。"

普莱姆吉计划把公司建设成一家全球性公司。普莱姆吉很富有，他本可以聘请其他人替代保罗副董事长的职位去经营技术业务部门甚至整家公司，但是他精力充沛、热情四射。Wipro 面临着巨大的挑战，普莱姆吉说道，他必须不断创新，保持最佳状态。为了战胜现实的挑战，普莱姆吉决定亲自领导技术业务部门。他认为要通过有机扩张和收购，公司必须制定更大的营业增长目标。此外，他发现，公司科技和业务流程处理等部门创新激励机制效果不明显，Wipro 必须学会实现突破性创新。为了避免机构臃肿，影响公司的斗志，他重新调配了管理团队。他希望所有措施能在数年内取得成效，把公司销售收入提升到 50 亿美元。他说："与一年前相比，我们面临的挑战更多，风险更大，我们愿意开辟鲜为人知的道路。否则，将失去很多机遇。"

Wipro 的一个重大举措是提拔公司电信业务主管 A．L·劳担任公司首席运营官，劳的新职责包括监督并管理科技发明和创新。25 年前，劳作为公司首批录用的技术人员，带领 4 名刚刚毕业的大学生，引领公司进行产品创新。2005 年 7 月普莱姆吉决定任命劳担任此要职时，他明确了自己的要求——展开更大力度的创新。劳率先采取的措施是增强公司业务实施团队的技术能力，也就是说通过奖金的方式，鼓励高级员工除了追求管理职场的发展外，还走技术发展道路。

劳采取关键性举措，推动并实现普莱姆吉构想中的"突破性创新"。他在寻找技术服务综合项目和能在数年内创造 1 亿到 2 亿美元价值的新业务。当提及利用多台计算机运作复杂数据处理任务的技术时，劳说："我们不想只从事网格计算的创新，我们需要在服务理念上提出相似的创新。"Wipro 知道自己何时需要帮助，而且它也乐于获得帮助。因此，劳首先采取的策略是求助于班加罗尔一家致力于自主创新领域的专业咨询公司——Erehwon，这是 Wipro 采取的大力激发公司创新机制时最先实施的策略。它是典型的 Wipro 策略——学习研究一段时期后，提出创新。

八、Wipro 的大事记

2005 年 12 月 21 日，Wipro 以 5 600 万美元收购了奥地利的一家半导体设计服务公司。

2005 年 12 月 25 日，Wipro 宣布以 2 800 万美元的现金收购美国一家信息技术公司 mPower。此次收购案也是该公司一周内进行的第二起针对国外公司的收购。

2007 年 11 月 1 日，Wipro 收购诺基亚—西门子无线存取研发部门，协定的内容没有透露。根据协定，所有现在在柏林由诺基亚—西门子网路公司的无线存取研发部门研发的相关项目将由 Wipro 接替进行，同时在德国从事这些工作中的约 60 名人员将转移到 Wipro。

Wipro 透过全球并购加强其工程能力，这些并购包括近来收购日本 Oki Electric 的无线设计子公司，最近的一次收购是诺基亚—西门子网路公司。它计划通过并购降低成本和提高专业水准。

2007 年，《商业周刊》网站评选出了 2007 年度"亚洲最受尊敬企业"，Wipro 排名第 14 位。

2008 年 2 月 15 日，Wipro 以约 6 亿美元收购美国服务外包公司 Infocrossing，这是印度软件企业当时最大的一笔海外收购交易之一。

2008 年 12 月 23 日，Wipro 以 1.27 亿美元收购花旗技术服务公司（Citi Technology Services Ltd），并签署价值至少 5 亿美元的六年服务合同。

2009 年 4 月 21 日，诺基亚发言人承认，公司已经将其企业移动电视解决方案部门出售给了 Wipro，不过他并未透露此次收购的具体细节。

2010 年 2 月 17 日，Wipro Technologies 针对德克萨斯州 OMAP（TM）处理器提供基于安卓操作系统的商业化服务。

2010 年 2 月 25 日，Wipro 荣获 2010 年 IAOP 全球外包 100 强称号。

2010 年 3 月 4 日，Wipro 与 Main 签订 7 年期策略协议。

第二节 Wipro 的核心竞争力

当今世界，创新成为越来越关键的竞争因素，所有全球性业务都是如此。我们处在一个十字路口，朝气蓬勃、改革创新的公司会和那些创意枯竭的公司分道扬镳。同样，对于跨行业经营并设计多种业务类型的 Wipro 来说，创新直接服务核心业务，并且产生新业务。因此，创新无疑是 Wipro 最重要的核心竞争力。无论是从 Wipro 的经营策略、企业文化，又或是组织机构上，Wipro 对创新的重视都可见一斑。但是，Wipro 并不打算进行产品创新，它认为科技服务业是一个动态产业，可以通过实施技术创新、推出新的服务解决方案、改进业务流程等方式来实现繁荣发展。

一、把创新作为一项重要的经营策略

20 世纪 90 年代，科技产业涌现出一系列的改革创新。从网络工程、高绩效计算系统、软件到网站，从消费类电子产品到电子商务，各领域都推陈出新，实现突破性创新。非技术产业表面平静似水，但也正进行着变革。通用电气、宝洁公司和 3M 公司等行业领军企业纷纷推出研发新计划，采取新的创新构想。他们认识到，不论企业历史长短，各行各业的公司都必须积极创新，大力变革。

改革创新不仅局限于科技领域。实际上，"创新"经过反复界定，其语义已经拓宽，包含了各种新的经营方法。公司可以在服务行业和经营模式上，进行重大创新。创新不会诞生在与市场脱钩的象牙塔，实践中推出的革新才具有更强的影响力。IBM 拥有设计实力最强大的研究实验网络。尽管 3 200 位科学家远离公司、加工厂和软件编程工作室，但是他们与产品制造团队和客户密切关系，甚至能够直接解决问题。

20 年后，我们会回顾这个富于创新的繁荣时代。对那些积极创新的公司而言，当今的商场仍是一块富饶的绿色田地；而在其他公司看来，这里风险丛生。如果缺乏创新，公司将被市场残酷地淘汰。

Wipro 自从 1980 年进军科技市场以来，大力实施改革创新，依靠大胆的构想和先进的半导体技术，制造出第一批计算机。此后，它集中精力研究最先进的技术，以满足客户对软件和硬件研发项目的需求。尽管这类创新没有获得大量的自主知识产权

（至少对 Wipro 是这样），但它为客户创造了价值。此外，Wipro 为客户制订了具有创新性的服务解决方案，为本公司和客户推出业务流程改进方案。

公司通过把创新纳入年度策略和运营规划，促进了持续性创新。例如，2006 年，公司制订新的三年战略规划时，创新成为公司赖以生存的重要支撑点，以帮助公司从大型印度企业向大型全球服务商转变。一些备受关注的领域是：推出业务流程外包单元的打包服务解决方案，促进有机增长，酝酿颇具创新的改变竞争法则的服务，实施突破性创新，确立"创新品牌"的美誉。

Wipro 提倡创新性措施，并在很多重要方面大获成功。它鼓励创新的机制巧妙地融入了公司机制，大力刺激了公司生产率的提高。不过，要想把创新变为强有力的增长率，Wipro 仍需努力。它保持一种积极向上的态度，然而如果没有创新性跟踪记录，它便无法和苹果、IBM 和索尼公司共同角逐竞争舞台，因而，也不能被推为公司创新的终极模式。

Wipro 采取了众多合理措施：它提出创新方法，吸引整个团队而不是少数员工参与其中；它还密切关注公司现时需求。

二、将创新作为一种日常作业

1. 坚守服务业，关注技术、解决方案和业务流程等领域的创新

每家公司必须决定侧重发展哪些领域的创新。在不同的历史发展阶段中，Wipro 都着力进行产品创新。1980 年，推出第一批电脑产品时，Wipro 彻底改变了印度科技业。由始至终，它都率先采用最新计算技术。它是印度首家把英特尔 386 微处理器应用到PC 电脑、把 Sun Sparc 微处理器应用到服务器的公司。早些时候，Wipro 编写软件应用程序与其制造的计算机捆绑出售；最近，它开发了许多特定程序并和服务一同推出。在发展的过程中，Wipro 没有迷失目标，它明确未来应在哪些领域进行革新，是技术、解决方案和业务流程，而不是软件产品。

一些印度科技的领导者认为 Wipro 这样想大错特错。最成功的印度软件产品公司I - flex 董事长兼总经理拉吉什·赫库（Rajesh Hukku）坚持认为，印度技术行业避免被视为数字化"雇佣助手"的唯一途径是效仿 I - flex 公司的做法——从零开始打造虚拟产品服务特殊行业。I - flex 推出了一系列金融应用系统，远销 100 多个国家。这的确是一个诱人的目标，以至于 2005 年美国软件巨企 Oracle 公司购买了 I - flex 公司 41% 的股份。赫库说："看看这些大型服务公司，他们没有提高产品价格，客户只是想从他们那里获得廉价的服务。"

Wipro 辩解说："公司很难同时出售软件服务和产品，因此最好选择一种。作为一家服务型公司，你希望能够运作数百家产品制造商编写的应用程序。不过，如果你主要是一家服务公司，但与此同时生产自己的一些产品，你便会与制造产品的业务伙伴发生冲突。此外，客户会担心你偏爱自己的软件包，而不是为其选择最佳的软件包。"

Wipro 坚守服务业，关注技术、解决方案和业务流程等领域的创新，因为这些领域

与其他所从事的服务业务密切配合。Wipro 与赫库的观点相反，它认为 Wipro 掌握了各种能力，使得公司能够提高服务价格。服务外包业务的收费标准在 2000 年到 2006 年间增长了 19%，同期现场实施业务的定价提高了 38%。而与此同时，西方服务公司正处于降价期。Wipro 首席策略官苏迪泊·南迪指出：很难说明，哪种模式能够最终占据统治地位。然而，他指出了一个事实：Oracle、SAP 和微软等软件巨头生产商正尝试着把软件实施转为一种服务业务。他问道："世界领军企业尝试效仿我们的模式时，我们为何要转换自己的模式呢？"

Wipro 拥有一套令人难以置信的各类科技能力组合。这不仅是一笔巨大的资产，还是一个巨大的挑战。多数科技公司关注范围相对较小的技术和市场，Wipro 则不然。在为全世界 500 位客户提供服务的过程中，它积累了丰富的技术经验，并逐渐熟悉了几十种行业。它选择并简化了数十种处理特殊业务的核心文件技术，如 SOA（面向服务框架）可应用于贯穿所有行业的多重程序。产品制造行业也是如此，如半导体技术可被广泛使用于微型芯片制造。

Wipro 创新的最大突破可能会发生在解决方案领域。Wipro 融合了服务、程序员自行设计的软件模块及他人设计的软件产品。Wipro 把这些产品打包，并重复出售。由于解决方案需要预先打包，不必从头开始处理每项业务，客户也无须支付定制程序的高昂费用。解决方案对 Wipro 颇具吸引力，因为它提升了公司在客户当中的地位。在这些合作当中，Wipro 不仅依据惯例，按照客户的要求编写应用程序，还帮助客户解决难题。

流程创新让 Wipro 实现了双赢。首先，20 世纪 90 年代中期开始，Wipro 实施内部流程改进，促进公司以颇具竞争力的价格，推出高质量的服务。目前，Wipro 通过流程咨询和业务流程外包服务，为客户提供创造卓越流程的专业技能。过去，它常乐于接受客户的业务流程，即便这些流程质量低劣。现在，Wipro 致力于帮助客户创造流程。

最终，各类服务公司为客户提供最有价值的服务才能使之成为真正的合作伙伴。他们不仅奉献有力的技术支持和敏锐的思维，还会提供优质的忠告。下一步，印度技术服务领军企业应综合软件研发、业务流程再设计、特殊行业的专业技能和卓越运作，形成一套高端服务体系。为此，它们必须实现关键性创新。此外，它也是使服务公司从印度同行中脱颖而出、追赶甚至超越西方顶级服务公司的大好机遇。

2. 追求突破性创新的企业文化

渐进式创新就像是一个稳定的电力站，不断为公司输送能量。Wipro 的成功案例表明卓越运营为客户创造了客观的价值，因而卓越运营是 Wipro 的核心竞争力。不过，对一家服务公司而言，这远远不够。Wipro 需要实现突破性创新，改变整体局面。这些爆炸性发展不仅能够创造竞争优势，帮助 Wipro 赢得客户，提出更高的定价，还能获得备受瞩目的竞争地位。

这类创新并非源自偶然，因此公司必须营造鼓励创新的企业文化。对 Wipro 而言，这是一个漫长的征程。早期，科技服务业严格遵照客户要求进行。随着公司规模的日益壮大，Wipro 发展成为一家大型服务公司，而非喜好冒险的技术专家感兴趣的那类公司。即便是现在，通过"突破性创新"计划，Wipro 也不再是激进思想者的集聚地。短期内，Wipro 享有一个优势：在印度，非服务型新兴公司没有太多的机遇。因此，它储备大量寻找突破的创新型人才。如果合理施行"突破性创新"计划，Wipro 将可调配其中一些创新型人才，实施令人兴奋、成果丰硕的项目。

Wipro 通过多种渠道，明智实施"突破性创新"计划。它把项目与营业增长目标直接挂钩，Wipro 的目标是选择数年内能够实现 5 000 万美元销售收入的业务对象，三年内创新产生的营业比例从 5% 增长到 10%。Wipro 要求员工实现相对明显的收益，从而激发员工的工作热情和斗志。这种创新不是那些往往需要数十年时间才能产生成果的基础性科学研究，它有一个明智的目标定位：通过选择贤能人才领导项目，赋予其足够的财力和时间，营造一种紧迫而鼓励探索的氛围。其次探求新发现时，公司应集思广益。Wipro 聘请 Erehwon 创新咨询公司实施这一计划。咨询顾问领导 Wipro 各团队在Wipro 公司内外开展创意讨论。这些行为具有巨大的释放效果，能够鼓励员工摆脱安乐状态，突破循规蹈矩，遵守实施的非书面新规则。

3. 设立创新团队，敢于对团队的创新成果进行风险性投资

如果想员工能像在新公司工作那样富有热情，领导者必须用同样的方式对待他们。也就是说，你应组建小型团队，给予特殊的物质奖励，允许他们失败。从某种意义上讲，Wipro 创新委员会是公司内部的风险资本公司，"增长率驱动计划"和"突破性创新计划"也是如此。公司领导者审核收到的企业方案，给予资助并承担咨询师的角色，促使这些构想转变成丰硕的成果。项目组通常由 5 至 40 名员工组成，提出新构想的员工参与项目实施。一些案例中，整个团队共享项目成功带来的物质奖励。这些新服务和解决方案实施后的几年里，项目组保持独立，最后整合到已确定的业务单元中去。

这种利用内部风险资本资助创新的策略减少了运营预算的资本投资。在精打细算的 Wipro 公司里，各业务单元不能拨出创新资金，因为首席执行官不允许这种做法。创新是一种策略，必须按照 Wipro 的方式投资运营。

4. 让每位员工参与创新，形成人人想创新的工作氛围

创新并非是整天关在实验室里冥思苦想的少数天才的专利，它是每位员工的职责。Wipro 认为员工是潜在的改革者。正因为如此，它制定了众多机制，刺激员工发现、提出和实施构想。"突破性创新"计划能够深度发掘各阶层员工的绝妙想法，而六西格玛和精益计划大大激发了员工的创造性，促进运营卓越的改进。创新是员工绩效考核的一部分，也是高级经理业务考核计分卡中的重要内容。除非主管做出创新的数量要求，否则员工的创新工作没有止境。

5. 给创新者构造思想的空间

创新是员工必须履行的工作职责，公司某些部门的员工必须把它作为自己的专职工作，而他们必须摆脱日常工作的压力和影响。但是，研发实验室的传统角色，在Wipro 式基层创新中也至关重要。哈佛大学商学院克里斯滕森教授在其撰写的经典创新管理著作《创新者的窘境》中，解释了把新创意从公司核心业务中分离出来的原因，公司本能地集中精力和资源致力于促使曾经使它取得成功的事物。克里斯滕森教授指出，这些事物遏制新思想的形成，因此公司必须释放新思想。

Wipro 把一些发明者安排在研发实验室式的机构里，这种组织分离使他们摆脱妨碍其集中精力开展长期项目的日常琐事。此外，设立专门的创新实验室能提高创新工作的公司地位。同时，负责从事创新项目的员工，得以明确公司期望他们能够创造出非凡的事业。这一组织形式将向员工表明，重大创新对公司未来发展颇为重要。

6. 创新性地经营与合作伙伴之间的关系

Wipro 通过多种方式经营与合作伙伴之间的关系。它尽可能采用行业标准机构规范的技术，因此，它的服务和解决方案能够便捷地与基于同等标准编制的其他软件和服务整合。按照客户需求，它采用数千人共同研制的共享资源软件，或获得微软、Oracle 和 IBM 等公司软件的使用权，从而节省自身研发软件的成本投入。同时，Wipro 还积极构建产品研发领域的合作伙伴关系。

作为全球最大的外包实施商，Wipro 每年帮助 100 多位客户把产品从理念推向市场。从传统意义上讲，这是一种雇佣的业务关系。然而，Wipro 现在正尝试推出一种新的业务模式：在某些情况下，它乐于和客户共担风险。它预先收取较低费用，以分享产品进入市场后的利润分成。普莱姆吉指出："客户推销新产品时，面临着种种压力。他们寻找能够合作的伙伴，能够帮助他们成功实现产品面市、乐于与其分担风险并在竞争中联手合作。"这就是 Wipro 成为客户战略性合作伙伴，而非简单的雇佣公司的途径之一。

第三节　Wipro 的管理诀窍

印度技术产业依托散发绝对优势，形成全球性势力。这三大优势为劳动套利、丰富的技术人才以及全球性卓越运营理念。劳动套利和技术人才将永远成为印度成功模式的重要因素，但是只凭这两种优势，中国、拉丁美洲等地区的国家最终也能与之抗衡。对印度公司而言，卓越运营是更为恒久的优势，因为其他国家很难像它们那样，组织分散在世界各地的庞大员工队伍，有效运营，不断改进。同样，Wipro 竞争优势大多产生于它对卓越运营的关注。Wipro 卓越运营的管理理念包括以下几个基本原则：

一、及时更新公司的核心价值理念

对首席运营官和精打细算的团队而言，卓越运营理念似乎是一项任务，但要真的这么想的话，那就大错特错了。Wipro 表明，这种卓越运营理念是首席执行官和整个管理团队大量思考后和缜密规划的成果。这是一个全面的方法，它从公司的核心价值理念、远景展望开始，逐渐涉及规划、决策，然后在日常小事中予以实现。

想想 Wipro 最初的经营理念：尊重个体，担当业务领袖，高水准地完成任务，保持最高的职业道德标准，提供优质的客户服务，依据长效收益，衡量业务绩效。这些20

世纪 70 年代中期提出的价值理念奠定了以绩效为基准的文化底蕴，它表明公司对新员工的期望。2009 年初采用的最新价值理念除保留"诚信和尊重他人"等理念外，还增添了闪光点——追求成功。Wipro 人应尽心服务客户、大力创新和保持团队合作，从而取得事业的成功。员工知道，公司会按照这个标准衡量他们的绩效。因此，价值理念不是空洞的陈词滥调，而是员工在日常工作中必须遵守的准则。

二、定期而慎重地规划公司未来

Wipro 的规划之道富有强有力的节奏感，旨在促进宏伟理想演变成一系列的行动举措。这个循环始于普莱姆吉及助手每五年一次的远景规划。这样做的目的有两个：一是重新认识市场以及 Wipro 的市场地位；二是制定激励员工奋进的宏伟目标。确立宏伟的目标只是第一步，第二步是严谨地制订三年战略性逐年延展计划。这样，公司将来在拟定新业务、制订新计划以提高公司技能和能力时，能够按计划行事。最后，运营计划能够促使公司正常运营。公司大多都制定了周密的计划流程，但是只有最优秀的流程才能为公司实现 Wipro 式"严密的事前分析和严格的绩效衡量标准"。

三、用大量小规模风险性行动把握机遇的同时降低风险

公司能否既谨慎行事，又敢于探险？Wipro 无疑在尝试。为了实现良性发展速度，它必须不断探索新服务项目、新垂直行业，开拓新的销售和经营市场，采取新的收购行动。普莱姆吉及其团队一直热衷于从事大量小规模风险性行动，而不采取众多大规模风险性举措。2006 年初，公司采取的行动恰恰说明了这个策略。当时，Wipro 开始在加拿大、德国、法国、东欧、中东和中国等地拓展业务，加大了在咨询业、基础设施外包、数据安全等领域的投资。此外，作为普莱姆吉增长率驱动计划的一部分，Wipro 实施了员工业已着手的基础项目，并接连展开了一系列的收购行动。当决定实施新行动时，Wipro 没有仓促行事，鲁莽投入大量资金。相反，它循序渐进，首先奠定开拓性业务的基础，等待需求，快速应对。这样，公司便可以避免在没有成效的项目上，投入不必要的资金。如同质量改进项目一样，Wipro 采取许多持续性发展举措，探索新市场。

四、实施"无权术"管理策略

普莱姆吉确立了一系列指导性核心准则，巩固公司的办事效率。其一，董事长不是独裁者。尽管他具有绝对控股权，但是他与员工共同参与远景规划，共享决策权。远景规划和决策制定通常是团队行为。其二，公司不允许内部员工拉帮结派。公司没有秘密，所有事务公开透明。普莱姆吉允许并要求助手讨论构想和策略。产生分歧时，他鼓励员工畅所欲言，各抒己见。公司不欢迎"应声虫"。这两条准则构建了真诚合作的公司文化。

这似乎并没有什么了不起，但是仔细想一下，目前许多公司的组织结构已然滋生了行政长官过分自我的情绪：各业务部门的负责人相互竞争，争夺所占的财产份额，竞相取悦领导，削减他人权利，相互排挤。虽然 Wipro 也是内部通过激烈的竞争，发现与奖励运营卓越的业务部门。但是 Wipro 的管理机制能有效地避免主管间产生冲突。实际上，没有人能够单枪匹马获得成功。经营行业垂直业务的人需要服务团队、销售主管、人力资源规划师和培训师、质量负责人等人员的协调配合。团队合作不是额外功，而是公司运作的核心。

五、快速决策，善于调整

在勇于探索的 Wipro，管理层必须敏锐地做出决策，否则整个机制便会分崩离析。时间追溯到 1971 年，当时普莱姆吉提出每周召开一次管理会议，即"管理意见敏锐征求会议"。会议的宗旨是让经理人了解公司绩效，从而迅速做出策略调整。多年来，Wipro 已形成了适应经理做出各类决策的管理节奏。业务单元内部召开周会，发现并解决问题，发掘营销机遇。公司每周召开一次 IT 管理会议，制定政策、调整策略；而每季度召开一次的特别委员会会议主要讨论运营策略。这种分工可以避免团队管理混淆目的，失去重心，从而突显工作的当务之急，促使决策人快速决策。

经理人富有探险精神，勇于尝试新鲜事物；通常制订实验方案，并快速付诸实践。他们密切关注项目进展，因此问题发生后，能够马上发现并做出调整，甚至废止该项目。

六、制定准则，严格遵守

在 Wipro，公司提供现代化工厂般的高效服务，因为公司对管理客户业务、处理客户服务需求、开发软件程序等每一步流程都有明确的规定。公司所有事务都有相应的正规业务流程。公司的项目管理系统适时地跟踪目前实施的 2 000 余个项目。项目首先需要组建团队，项目负责人可以从罗列的员工技能和可获得性的大型数据库中，挑选团队成员。一旦项目启动，负责人和团队成员便可通过网络，时刻了解客户需求、项目进度和客户反馈意见。而随着客户的增加，也会逐渐积累越来越多的信息。因此，公司制定了软件编程需遵循的标准流程 Veloci - Q。该流程严格规定了设计、实施和措施的每个步骤。由于公司明确了这些核心流程，实施新项目时员工就无须再重新制定运作轨道。此外，执行的事物都记录在案，如有问题，公司可通过六西格玛体系较容易地发现问题根源，并通过该体系或精益技术加以改正。

七、用标杆衡量所有事物

一些公司凭借着有经商天赋的总裁靠直觉运营公司，但是他们只是成功的个案。

对其他公司而言，标杆衡量和分析至关重要。1966年普莱姆吉竭力拯救父亲的公司时，他对此深有体会。当时，公司的花生采购员凭借着把花生放在手里的感觉给农民报价。在普莱姆吉的领导下，这种不精确的鉴定体系很快就被烘干机和量尺等衡量手段所取缔。从那时起，他便坚持度量标准。

Wipro所有事物都经过标杆管理体系的缜密衡量，它确定公司目标并通过严格的记分体系跟踪业务绩效。它用竞争对手和世界最卓越公司的标准来衡量公司运作体系和业务表现，因为公司采用360度全方位评估体系，所以经理人能够准确知道自己的绩效水平以及同事间的差异。此外，公司还制定了具体详尽、公平公正的员工绩效考核体系。

这些绩效考核体系与数据密切相关。Wipro综合各框架的数据，因此一个目标的实现能够促进另一个目标的成功。例如，主管的目标和其所在的业务单元的目标是考核其绩效的基础、年底涨薪的依据。这种结合把包括普莱姆吉在内的所有员工做出的努力与公司目标协调统一起来。

如果做不到公开透明，公司的绩效考核体系根本无法发挥威力。公司在经理人报告和公司内部个人网站上面公布大量绩效数据，其中包括季度财务报告、自助餐厅的食物浪费情况等。公司所有员工都清楚自己的位置，表现差的员工根本无处藏匿。

八、提高资金价值

Wipro的所有经费支出都遵守着这样的一条指导性原则——物有所值。公司监督各类开销，寻找更节俭、更有效地运作方法。但是涉及员工健康安全方面，公司从不吝啬。它为员工提供最先进的计算设备，营造舒适温馨的工作环境。在全球竞争的角逐中，成本起着决定性的作用。任何奢华浪费的公司都会身陷逆境。

"物有所值"的这些理念是普莱姆吉本人的基本生活信条。他希望员工像花自己的钱那样，对公司的开销精打细算。他本人也为员工树立了榜样，在国内出差时，他无一例外地乘坐二等舱。由于员工都遵守同样的准则，公司营造着公平公正的文化氛围。因此，经理人无须向财务督察那样，花费大量时间监督财务开支，因为每位员工都能自我管理。

Wipro精打细算的做法给我们提供的另一条经验是：缩减开销应当是一个持久的规则，而非应对危机的对策。很多公司里，每当季度盈利没有达到预期目标，他们便马上裁员，冻结差旅开支，取消奖金。尽管这些措施是缩减开销的快捷方法，但它们严重削弱了公司服务客户、激励员工的能力。Wipro的策略往往能避免其陷入危机，杜绝公司在仓促之下错误应对。

九、知人善任

新兴跨国式企业的一个关键能力是能够知人善任，委派具有合适技能的员工到合适的地理区域从事特殊的任务。Wipro 和其他印度技术服务公司将这种模式称之为"全球服务模式"，他们擅长在低价地区大规模招聘和培训员工，协调管理在客户现场和附近办公的、少数专家率领的大批脑力工作者。它们面临的挑战是如何在小幅度提高支出的情况下，激励接触客户的员工的工作能力。对西方公司而言，这种跨国性经营模式更富挑战性。它们现行的跨国模式在每个地区或国家，维持母公司的微型模式，而这样的运作模式耗资昂贵。即便在世界范围内，以新型模式重新进行业务分工，这些公司也必须在不触怒员工和政府的情况下解构这些微型模式。

印度公司和西方公司的共同之处在于，它们都需要塑造并管理员工供应链。和制造供应链相同，员工供应链中，人员是各个组件，而 Wipro 对此尤为精通。它跟踪项目实施状况，并未雨绸缪，不断预测新任务。通过这些数据，公司分析并确定需要派遣哪些员工到国外、委任何种任务，从而合理匹配可获得劳动力和现实需求。当被公司召回印度等待委派新的海外任务时，员工并没有虚度时光。如果暂时没有任务，公司会安排他们参加培训项目，使其掌握新技术，增强专业技能。这样，Wipro 能够更敏锐地发现具有合适技能的最佳人员，派往合适的岗位从事恰好需要这些技能的工作。

十、对日常工作进行流程化的管理

公司日常从事的大量事物并不要求大量的创造性思维，一旦形成流程，便会坚持下去。Wipro 制定了机械式流程，处理许多常规工作。业务流程外包单元的远程招聘程序就是其中最典型的例子。为了应对应接不暇的应聘者和招聘需求，公司在印度聘请了大约 60 个技术和英语培训机构。应聘者首先坐在电脑前，完成一系列的测试。如果测试通过，再来到另一间配有 PC 电脑的房间，进行视频会议，接受距此千里之外的招聘人员的面试。如果他们胜任这个岗位，公司会录用。很明显，这一策略并不适用所有类型的招聘工作。但是，它表明通过科技和自动化手段，公司能够用最少的精力完成基础性工作。

十一、把客户变成伙伴

Wipro 构建客户关系的方法确实非同一般。许多公司只是嘴里说着那些陈词滥调，宣扬公司如何尽心尽力地使消费者满意，但没实际行动，而 Wipro 的确以实际行动，将维护客户关系落实到实处。你可以从公司处理客户满意度调查中体会到这一点。项目完成后，Wipro 会对客户进行满意度调查，收集客户 IT、产品研发和后台操作等部门经理提供的即时反馈。年度高级客户总监调研为 Wipro 提供绩效表现的批评性意见。但是，调研同样看重员工和客户如何看待提供的服务对客户绩效产生的影响。当结果表明，Wipro 促进了客户事业的成功，这说明它的工作受到了高度的重视。净推荐分数的标杆标准增强了 Wipro 自我剖析的严密性。在服务行业，只是让客户对你的工作满意还远远不够，你必须让客户认为你比其他竞争同行更出色。

Wipro 不会安于客户满意度的调查结果，它会证实自己赢得了客户的满意。如果迹象表明合作出现了问题，公司上下会全力以赴，制定弥补措施。灵活机动同样重要，因为乐于抛开合同条款，一切为了让客户满意，Wipro 赢得了声誉。

第四节　Wipro 的战略决策

一、Wipro 的外部环境

1. 地域环境

Wipro 地处印度班加罗尔国际科技园，该园成立于 1992 年，总投资 4 亿美元，由以腾飞集团为主的新加坡财团、印度塔塔集团及卡纳塔克邦政府合资建设开发。目前在该园区注册运营的企业有 129 家，其中 65% 以上为跨国公司，英特尔、通用汽车、IBM、通用电子、朗讯科技、ABB、索尼公司、德尔福、美国在线等全球多家 500 强企业均在园区设有软件研发企业，所涉行业包括信息技术、电子电信、汽车、生化技术、金融服务等。在班加罗尔地区发展成为印度软件之都、全球第五大信息科技中心和世界十大硅谷之一的进程中，该园区的发展起到了重要的助推作用。

2. 人力资本环境

印度政府重视软件行业发展，通过在学校开设软件技术相关课程，或把学员送到国外培养等措施为软件业的发展储备了大量优秀人才。

3. 信息基础建设

印度政府投巨资为软件企业和海外的研发机构、客户提供高速可靠的数据通信连接。现在印度的卫星通信设施和互联网使国内的各个软件科技园区的联系变得极其方便，也使它们的全球联系更为迅速。

4. 园区商务支持

为了促进软件出口，印度政府成立了专门的中介服务机构；科技园区内也设立自己的国际商务支持中心，以加强本国公司与美国企业界的联系与沟通。这些机构都为印度软件业的发展做出了突出贡献。

二、Wipro 的全球战略

Wipro 不仅在本国国土上承包业务，同时也密切关注全球市场，其主要战略包括：

1. 启用欧洲人才，开拓欧洲市场

目前 Wipro 在瑞典、英国、荷兰及芬兰等欧洲国家均设有类似德国的开发中心，每

个开发中心都非常强调启用当地人才。就这样，Wipro 以一种独特的方式——大量聘用与目标客户有相同文化背景的当地员工，顺利敲开了欧洲市场的大门。

总部位于印度班加罗尔的 Wipro Technologies 曾一度在争取德国公司的晶片和软件设计外包业务中感到困难重重，直到聘请了德国当地的工程师沃特·奥特穆勒（Walter Ortmueller）。

这位德国工程师从外表、谈吐到思维方式都跟 Wipro 未来的德国客户有相同的习惯，这使他比他的印度老板更容易让德国人消除恐惧。毕竟，他们要将高科技产品的生产和后勤服务交给相隔半个地球、讲着不同语言的印度人去完成。

奥特缪勒说，"用当地人作为中间人有助于让客户对外国公司建立信任"。而且，奥特缪勒 20 年的业内资历，对于为 Wipro 发现和赢得客户大有帮助。2003 年 3 月 Wipro 找到奥特缪勒时，公司的技术设计业务还只有两家客户，两年后已增至数家，这主要是得益于公司在德国设立的一个配备当地工程师的开发中心。

在欧洲必须要聘用当地员工，Wipro 的首席营销长桑吉塔·辛格（Sangita Singh）表示。她对此解释说，"因为欧洲公司希望在面对一个业务中心不在欧洲的庞大机构时，自己发出的声音能被对方听到"。当地员工提供的文化和语言纽带能提升客户的满意度，并有助于建立牢固的关系。

比如，奥特缪勒知道，德国商人宁可听到对方回答说"不"，也不愿看到迟迟没有回应。他说，"德国人不像印度和美国公司那样习惯于讨价还价"，"如果他们不喜欢你报的价格，他们就会说声谢谢，然后打电话给下一位供应商"。

虽然英美企业将服务外包给低成本国家的做法已有多年，但行事保守的欧洲大陆的经理们大多仍对此敬谢不敏，许多人都觉得将业务交给遥远的不发达国家来完成过于冒险。不过，随着竞争的加剧和日益国际化，现在已有越来越多的欧洲公司开始慢慢地把一些业务交给承接外包服务的公司，尝试看看是否真能提高效率、节省成本。

Forrester 表示，虽然兴趣上升，欧洲公司的外包仍远不及美国公司，2010 年有约 20% 的美国公司将 20% 的外包预算用于海外外包。当然，欧洲仍存在一些严重的障碍，最显著的就是严格的劳动法规使就业岗位转至异地成为一个旷日持久且代价高昂的过程。比如，美国如果打算外包某项业务，由此解雇相关员工相对比较容易，但在德国，要解雇一名员工，公司首先必须对工会做出合理解释，且需提前 4 周到 7 个月预先通知即将被解雇的员工。

印度服务外包公司称，相比美国人，欧洲人往往更不愿承担风险或尝试新点子。印度服务外包行业组织——国家软件与服务业企业行业协会的会长基兰·卡尼克（Kiran Karnik）表示，美国的管理者在尝试一个订单之后，可能很快就会把一个大合同外包给服务提供商，但德国或欧洲其他国家的管理者会对提供商进行仔细的评估后再决定是否外包。

Europublic 的跨文化问题资讯师理查森·希尔（Richard Hill）表示，这种观念差异可以追溯到这两个地区的发展方式。总部位于布鲁塞尔的 Europublic 是专门为企业提供国际商业咨询的专业机构。"美国是建立在敢于作为的信念之上的，这也是最初抵达这片幅员辽阔、资源丰富之地的欧洲人的精神写照，他们自由地探索开发这片土地，没有任何思想禁锢。"希尔表示:"而德国是由许多小公国统一而成,世世代代的人们都在相对固定的圈子里生活,他们不太愿意打破定律或标新立异。"

因此,像奥特缪勒这样能得到双方信任的欧洲伙伴或顾问对于印度公司能否获得外包合同就显得非常关键了。"如果没有当地伙伴的努力,客户根本就不会将业务外包给海外公司",44岁的奥特缪勒表示,"我们是沟通不同地域的桥梁,不同地域之间可能产生大量的误解。"

印度公司在经过了一段时间后,才意识到应该如何与缄默的欧洲人打交道。

1999年德布吉特·达塔·乔杜里(Debjit Datta Chaudhuri)首次前往德国为印度信息技术服务公司 Infosys Technlogies Ltd. 设立外包办事处时,德国公司根本就不明白"我在说什么",他回忆说,"你必须建立信心,尽可能地采用德国人的方式,虽然你提供的海外外包能给他们带来益处。"乔杜里现在是 Infosys 德国业务的主管。

乔杜里的办事处聘用德国职员,因为这些人了解德国的法律法规以及德国市场。此外,他还倾向于让德国职员担当与德国客户面对面交流的任务,以避免遭遇语言和文化障碍。

不过,聘用当地人也要付出代价。根据麦肯锡全球研究所(McKinsey Global Institute)最近发布的一项研究,德国公司因向印度外包业务而节省的成本要少于美国企业,因为德国的外包项目需要有额外的资金进行不同语言和文化间的协调。德国公司向海外外包业务可省52%的开支,而美国公司为58%。

但这个小小的差异,相比外包业务中的其他因素并不是什么大问题。Wipro 的首席营销长辛格表示,公司2000年开始在德国拓展技术设计业务时掌握了一个基本的经验法则:外包的业务越复杂,聘用当地员工就越重要。

辛格说,"设计一个轿车导航系统或一台手持电脑,就比传统的外包工作(如会计或技术支持)需要更多的沟通"。她在谈到公司早期的德国经验时称:"我们发现语言是个障碍,我们无法达到期望的扩张速度。"

之后,奥特缪勒来了。这个电脑专业人士在电子设备软硬件行业有20年的工作经验,并曾在德国基尔经营一家当地外包公司,为德国客户设计嵌入技术产品。

除了赢得新业务,奥特缪勒和他带领的7名德国工程师也有助于打消客户心中"Wipro 设计的高科技产品能不能和我们想的完全一样"这样的担忧。"如果是一个朋友推荐他们试试什么新的东西,他们会比较容易迈出第一步。"奥特缪勒表示。

Wipro 在瑞典、英国、荷兰和芬兰也有类似的开发中心,每个开发中心都强调启用当地人才。该公司还在欧洲8个国家有销售办事处,每个办事处的营销团队都有90%左右的当地员工。辛格表示,这大大高于美国公司30%的比例。在美国,语言和文化差异相对不成问题,并且销售人员可以全部是印度人。

2. 收购东道国的企业

经过十几年的发展,Wipro 拥有的资本使得它能通过一种最简单的方式进入他国的市场,即收购东道国的企业。2003年7月 Wipro 以2 400万美元收购波士顿一家技术咨询公司——美国管理系统公司;2004年5月以1 900万美元收购金融服务咨询公司 Nervewine;2005年12月分别以5 600万美元收购奥地利的一家半导体设计服务公司和

2 800万美元收购美国信息技术公司 mPower 等，现在 Wipro 的收购还在继续。其目标就是让 Wipro 进入全球 IT 服务公司的前 10 强。

3. 以他国为跳板

在扎根服务于欧美外包市场的同时，Wipro 开始关注日韩软件市场，尤其是日本，因为现在日本已经是除美国之外的第二大软件发包国家。虽然在对日外包方面中国要强于印度，但印度人有自己的发展策略——以中国为跳板抢占日韩市场。2002 年 Satyam（萨蒂扬）就率先在中国设立了办事处，随后 Wipro 也先后落户上海浦东软件园，形成了当时印度投资中国的一波高潮。

任何一个企业的发展都离不开自身实力的长期积累，即使是 Wipro 也经受了彻底放弃原产业的痛楚，走过了十几年的缓慢发展过程。然而其本身抓住机遇发展的魄力值得中国企业学习，其多角度开拓国际市场的方式引人注意。市场变化瞬息万变，而机遇则会被准备充分的企业牢牢抓住。希望在不断成长的全球外包市场中，我国服务外包企业可以借鉴 Wipro 的经验，抓住机遇，踏实地走好自主发展的道路。

4. 运用过去的优势和经验，适时地成功实现转型

"Wipro 的转型，每次都巧妙地运用过去的优势和经验。"《商业周刊》这样分析 Wipro 的成功经验。Wipro 在 1945 年创立时，只是一家卖食用油的小公司。在弹性求生存的策略下，现在仍然可以在市场上买到 Wipro 卖的油和电脑。Wipro 就像一只变形虫，不断适应形势的变化。Wipro 现在已经成为印度第二大软件公司，营业收入仅次于塔塔公司，股票也已经在美国上市。Wipro 过去的优势和经验可以总结成以下两点：

（1）积木式管理。

一个"卖油郎"可以坐到印度软件业的"第二把交椅"，Wipro 有一套积木式的管理。

据了解，Wipro 的做法是累积很多自己的 IP（Intellectual Property，知识产权）模组，客户需要什么功能，就把相关的 IP 模组程式码调出来，帮客人组装、测试，然后出货。这样，研发新程式时就不需要每次都从头再来。

一个个 IP 就像是一块块积木一样，可以拆开，可以重组，当 IP 模组越来越多，可以重组的空间就越大。这是因为在现在的软件技术中，程式码已经可以像积木一样地分开，再重组。"就像盖房子，同样用的是砖，却可以有不一样的设计"，Wipro 嵌入式产品及产品工程事业群经理派赛特（Ram Prasad）说，"接到客户定做软件的订单后，研发人员就只需要把心力花在系统设计上，关键的系统组件都早已准备妥当。"

这么一来，曾经发展过的技术，就成了取之不竭的金矿。这种做法会形成大者恒大的局面，那些早进入某个技术领域的软件工厂，能累积越来越多重要的技术，新的软件服务公司，没有这些 IP，很难在它们擅长的领域跟它们竞争。

"我们每年都有三百到五百个不同计划在同时执行"，派赛特为自己公司三头六臂的设计能力很有信心，"世界前八大手机制造商，有七个委托 Wipro 做手机代工设计"。

（2）变形虫策略。

运用现有优势求生存的变形虫策略，能帮助 Wipro 同时累积分散在二十多个国家的三万名员工的脑力资源。在其内部有一个称为 K－NET 的资讯分享网络，除了分享已

经建立的 IP，遇到新的状况，专案执行人也会在不影响客户权益的状况下，把自己的经验做成新的 IP；同时，他们每年也会投入 6% 左右的人力进行研发，充实 K-NET 里的脑力资本。

每个 Wipro 员工研发出的新技术，在放上 K-NET 之前，还必须经过创新委员会的审查，除了确定来源和技术没问题，更重要的是要评量技术的价值。派赛特指出，他们所有的 IP 都会按照未来市场潜力、目前市场价值、对技术的投资金额以及对 Wipro 自己的价值进行评估。评估之后，这些技术才能正式成为 IP，放上 K-NET 在 Wipro 内部流通。不过，也只有资深经理才能够接触到这些 IP。

第五节　Wipro 对我国服务外包企业的启示

一、用标杆衡量公司行为和绩效

坚持改进是 Wipro 成功的法宝之一，但是如果不能不断评定公司进展，这个策略也只是一个空洞的口号。Wipro 利用世界顶级公司，特别是竞争对手的行为标准和绩效标准衡量公司的行为和绩效。它在公司内部采用质量、财务绩效和效率等核心业务流程的标准计分卡，并制定相应改进目标。在软件服务团队中，Wipro 经理人跟踪并衡量业务流程的进程，以确保项目按照正确方向前进。同时，Wipro 还严格地进行个人绩效考核。在竞争激烈的科技服务行业中，一家公司经不起任何松懈，Wipro 也不例外。

对于我国的服务外包企业来说，制定标准并用标准衡量日常的工作事务，在确保企业产品质量、研发新技术、提升企业综合效益、增强企业核心竞争力等各个方面发挥着非常重要的作用。在竞争日趋激励的市场环境中，为了促进企业的长期稳定发展，企业管理者应充分意识到标准化对企业发展的重要作用。

二、提前三年做规划

Wipro 注重规划并为整合公司价值、远景，公司策略、运营制订了一系列计划。Wipro 每 10 年或 20 年就制定一套社团价值观念。之后，还会进行远景规划。管理团队除了制订三年工作计划，每年还需要做正式的战略规划，每年三月做执行计划。一项计划接着一项计划，这样就形成了联系公司核心价值和未来规划以及日常操作的坚强纽带。

Wipro 具有长远的战略眼光，提前三年做规划，使快速发展成为可能。做一个三年的发展战略规划，对很多公司而言，也许是个负担。但在 Wipro 看来，则是必不可少的。对于一家服务外包公司来说，想要以其最快速度发展壮大，不可能等到签约后，再组织人员，筹备工作场所，储备技术处理工作。因此，公司一定要具有前瞻性，看到潜在需求并提前做好拓展准备。此时，存在着一个难以平衡的问题：如果低估了潜在需求，公司可能会失去某些机会或达不到客户要求；如果高估了潜在需求，则会造成机构臃肿。

因此，对于正在努力发展壮大的服务外包公司来说，提前三年做规划是一个严谨而重要的过程。

三、坚持不断创新

多数技术服务公司只关注少数技术能力和市场，Wipro 并不苟同。为了服务全球 500 位客户，Wipro 掌握了各种技术。尽管过去的技术服务公司并不进行大量的革新，但这种情况正在迅速发生改变。对当今的技术服务公司而言，开发新技术、发现新方法至关重要，因为只有这样，它们才能在竞争中独树一帜。

Wipro 从三个方面进行革新：技术、服务方案和业务流程。目前，多数创新已经呈持续性发展。2006 年公司推出的突破性创新计划，为市场的大举突破、营业利润的大幅提升做出了卓越的贡献。

四、关注客户的需求

由于 Wipro 常常是数月甚至数年地为客户提供服务。因此，与客户保持良好的关系，显得尤为重要。Wipro 与客户间一对一的关系是 Wipro 赢得信任、处理问题的关键。普莱姆吉本人也投入大量的时间去接见客户。

为了保持与客户的同步发展，Wipro 每季度都会与对方主管一起回顾项目进展状况。同时，如果客户有所不满，Wipro 可以利用一套体系将客户投诉通过销售和管理等层级层层上报。如有必要，会上报普莱姆吉。"出问题时，经理会挺身而出，探究问题根源"，Wipro 的美国咨询顾问米克勒·费什说，"他们从印度打来电话，不停地询问，怎么会这样？他们应该怎么解决？"

密切关注客户的需求，不仅使得公司赢得良好的声誉，带来新的客户，同时也带来了更多的长期稳定客户。

五、保持快节奏管理

在印度科技服务业，速度是成败的关键。为了保持营销额迅猛增长的良好势头，这些公司必须快速采取正确的措施，其中包括：争取新客户；实施新项目；在印度和其他地区建立新的实施中心；招新、培训；以及当客户不满时，迅速进行调整改进。为了实现上述工作，Wipro 主管须在深思熟虑后，快速做出明智决策。由于公司要抽时间思考并讨论战略性要务，这意味着这些事务必须从速处理。

一旦做出重大战略性决策，Wipro 便马上着手实施，而不会耗费几个月的时间进行筹划。因为，即使是全球巨企，也必须时刻保持灵敏的反应速度。"我经常强调时间的重要性，因为它是一家公司最宝贵的资源。你必须形成奋勇直前的良好势头，恰当增强紧迫感"，普莱姆吉说，"这就是快节奏管理手段。"快速获取信息并敏锐应对，能够积极促进公司的绩效。此外，它还传递着一条重要的信息：我们清楚自己在做什么。

当然，要能顺利进行快节奏管理，要求组织要有利于快速应对问题的组织结构。扁平化的组织结构就是一个很好的选择。Wipro 就是这样一个扁平化管理的公司，13名高级职员向普莱姆吉汇报工作。为了有效地按照扁平组织流程图运作，公司必须明确每个员工的职责、目标，坚持有组织、有体系地回顾审核。

实施快节奏管理，可以帮助企业在瞬息万变的市场环境中，沉着地应对突如其来的变化，能够在企业捕捉到市场机会时迅速做出反应，抢占先机。但是，实施快节奏管理并不意味着企业应在未做出计划前就先慌乱地行动，而是构建一个有利于信息快速传递的扁平化的组织结构。

六、开源节流的财政策略

薪酬并不是 Wipro 谨慎应对的唯一问题。公司主管不断监督各项费用支出，尽量寻找更低廉的办事方法、更明智的开销策略。Wipro 公司的开支管理本着一个指导性原则——物有所值。经理人和员工预测开销额时，应尽可能减少浪费。Wipro 在员工医疗保健和安全保证方面从来不吝啬。它为员工提供优质的设施，创造宜人的工作环境。员工出差旅行时，住宿条件舒适，但休想奢侈浪费。

（1）领导以身作则。

曾经有报道说，普莱姆吉非常吝啬，就连 Wipro 总部所用卫生纸的卷数都要清点。尽管普莱姆吉本人说这些报道"夸大了事实"，但同时，他也承认自己非常在意公司经费的开销。

普莱姆吉作为印度第二大巨富，其 1996 款白色福特赛车用了 9 年，而后才换了一辆同等价位的丰田花冠。他小心谨慎，唯恐造成奢侈挥霍的影响。例如，即便航空公司为他提供头等舱，他也不接受。"这是一种理念，我对自己的标准与公司为每位员工制定的标准一样"，他说，"公司为员工制定这样一种方式，让他们认为公司的钱就像自己的钱，公司的开销标准与自己花钱的标准一样。我们希望制定政策的人以身作则，不推崇五星级文化。"

（2）把差旅管理变成一种核心能力。

对许多公司来讲，员工差旅费是一笔不小的开支，而在 Wipro，这个数目尤为庞大。为了推行公司的全球性实施模式，Wipro 派遣成千上万名员工走访遍及世界各地的客户，或为客户现场办公。2005—2006 年，公司购买的飞机票超过 40 000 张。如果管理不善，差旅费会毁掉公司，至少会影响公司的边际利润率。正因如此，Wipro 把差旅管理列为公司的核心能力之一。

公司首先制定了一系列稳妥的规则和政策。这不仅保证了低支出额度，还规范了员工行为。出差时，几乎所有员工都乘坐二等舱，只有大约 100 名高级主管才可乘坐商务舱，除非特殊紧急情况，公司不允许员工乘坐头等舱。

为了最大限度地控制开支、节省资金。2003 年，Wipro 决定创立公司内部的旅行社。Wipro 旅行有限公司不仅能够享有航空公司和宾馆给出的折扣，还能像其他旅行社那样，赚得其他公司的雇佣金。Wipro 旅行有限公司经理塞卡·桑卡兰谈到，通过运作自己的旅行社，公司每年的差旅费节省了 20% ～ 35%。此外，公司为 Wiipro 软件程序员提供了一个测试平台，以便他们为旅游业相关行业的客户端编写程序。

（3）节省开支和保护自然资源相结合。

在 Wipro，节约开支和保护自然资源自然相结合，它们是 Wipro 的两条核心价值标准。2003 年普莱姆吉和他的团队意识到饮用水逐渐成为稀缺资源，公司必须采取措施。普莱姆吉本人确定了一个雄心勃勃的目标：每位员工减少 60% 的用水量。为此，他们采取了三步举措：第一步，安装水表，公布用水量。第二步，废水利用。公司开始用循环水灌溉土地、冲洗厕所。第三步，实施蓄水工程。公司在班加罗尔工业园区安装了一种系统，锁住并蓄存雨水。现在，Wipro 在印度所有的办公区内推行这套系统。

能源保护不仅直接产生经济效应，有益环境，还向员工传递一个信息：做任何事都要坚持保护自然资源的原则。

在 Wipro 没有简单的神奇公式。在节省开支的同时，Wipro 依靠公司所有员工所遵守的基本价值准则。公司领导者追求卓越，员工不仅监管自己的花销，还不断寻求增值途径。

在公司实施开源节流的财政政策，公司需要制定详细的规则和合理的流程，系统地创造并留住利润。虽然在实施的过程中，它会出现小摩擦，但会产生大额利润效益。

七、Wipro 的人力资源管理策略

除了以上几点之外，值得我们学习的还有 Wipro 的人力资源管理策略。

1. 实施超严厉道德标准，打造标准品牌

普莱姆吉把价值标准确立为 Wipro 公司文化的重要部分。价值标准涵盖的范围比职业道德涵盖得更为广阔，它是规范公司及其员工行为的一系列内容广泛的理念。

曾经，有一位 Wipro 员工乘火车从浦那到孟买。按照他的级别，他可乘坐头等卧铺，而他却选乘了二等卧铺。但是，到公司报账时，他却要求公司报销头等卧铺价值的火车票，这样便可从中牟利。公司发现后，解雇了这名员工。由于这名员工是工会会员，工会组织了 3 个月的罢工以示抗议，但普莱姆吉并未因此改变决定。"在 Wipro 没有特例"，普莱姆吉说，"做正确的事情，要不惜任何代价。"

在 Wipro，价值标准并不是装裱在墙上的空洞的陈词滥调，也不是员工每年都必须签名承诺才能获得薪水的行为标准，它是实实在在的、不断更新的事物。Wipro 公开公司价值标准和具体行为细则要求，并传达给员工。如果员工违反规则，必将受到惩罚。

值得注意的是，Wipro 的价值标准并不是一成不变的。多年来，普莱姆吉和公司主

管拓展、修改并规范了公司的价值标准。此外，他们还制定了简单的价值准则，希望员工在执行工作时，能够牢记在心。

对于一个实施全球化战略的企业来说，随着公司全球化业务的推进，每位员工都要与外界交易，价值标准将成为每家成功的公司的资产中必不可缺的一部分。在全球众多新兴市场中，商界和政界腐败现象严重。但这些市场却又存在着许多发展机遇，因此，公司很容易遵照当地惯例，进行不正当竞争。事实上，企业的价值标准将直接引导着员工的行为，正确的价值标准能够在复杂的社会环境中，帮助公司的员工做出正确的选择。因此，确立一个较高的企业价值标准，能够打造公司品牌正义的光环，而正义是颇有价值的品牌特征。

2. 教育新雇员并提供不断的培训

服务业是一种人员密集型企业，公司的不断成长意味着必须增加人手，但是如何能够像 Wipro 一样做到快速增加员工总数而又不至于引起机构臃肿，值得所有在市场整合中迅猛扩张的企业学习借鉴。普莱姆吉说："这是我们在招聘、培训过程中最重要的地方，我们已经把招聘、引导和培训作为核心的竞争力。"确实，Wipro 已经把人力资源变成一种近乎科学的东西。然而，这种科学并没有让他的员工觉得自己像巨大搅拌机上的齿轮。

（1）用远距离真空招聘。

当你一年招聘超过 10 000 人时，你需要一个强有力的策略或方法来应对，否则你将以失败告终。

对于一般的招聘来说，它始于一个评价和海选的过程。在 Wipro 的 12 人招聘团队到达任何国家排在前 150 名的工程大学之前，他们都会把那些得分少于 6.5 分（10 分制）的学生排除在外。Wipro 的招聘专家会在学校的计算机上安装测试软件，并通过一系列的智能和专业知识来考查应聘学生，成绩靠前的人可以在当天得到面试机会，他们之中表现最优秀的会当场获得录用通知。整个招聘过程会在一天之内结束，早晨 7点开始，晚上 9 点结束，然后专家们前往下一个学校。

而对于 Wipro 的业务流程外包部门，在迅速且正确招聘到新员工方面面临着更大的压力。业务流程外包部门招聘的员工主要从事处理顾客的服务要求、电话技术支持或者是文书工作，而非技术工作，所以评价他们的能力尤为困难。并且，由于从事该职业的员工大多从事夜班工作，且需要迅速完成工作，员工面临着巨大的压力。因而，在整个印度，业务流程外包业员工的跳槽率每年高达 50%。但是，业务流程外包部门的工作对于 Wipro 来说有着尤为重要的地位，因为它能持续改进商业流程，提高员工的技术需求。对于公司来说，每月高跳槽率带来的必定是每月都需要招聘大量的该岗位的员工。

为了应对这种情况，公司的业务流程外包部门在 2005 年启用了一套独特的招聘程序，这听起来有点不人性化，但是极端的情况需要极端的策略。公司在国家级和地区报纸上刊登招聘广告，在全国选取大约 60 个有着技术与英语训练设备的封闭场所，应聘者在指定的时间进入，坐在一台计算机前，开始一系列的测试，包括用来考察他们是否适合这种工作的心理测试。接下来，如果应聘者通过了测试，他们会被告知进入一间装有网络摄像头的房间，招聘专家通过屏幕对应聘者进行面试。如果应聘者非常适合该项工作，他们就会马上得到录用通知，整个过程无须公司的人离开他们的办公室就可以完成。

（2）Wipro 对新员工培训。

Wipro 的运作模式无法用简单的方式来概括。因为需要面对各种的要求与压力，Wipro 更倾向于雇佣适合 Wipro 的拥有技术、头脑、纪律、能力等优秀的综合素质的并能够和其他人良好合作的人才。

准备进入 Wipro 工作的新员工，无论他是刚毕业的大学生，还是有经验的新员工，都要接受类似"脑移植"式的培训。Wipro 公司希望每位员工能够形成 Wipro 式的价值观，吸收 Wipro 企业文化，遵守已建立的工作流程，编写 Wipro 式软件以及设计 Wipro 式电路板。

Wipro 为个人和公司定义了 24 种需具备且需教给员工的竞争能力，其中包括：主动性、说服别人的能力、解决问题的能力、顾客服务定位的能力、委任能力、人才挖掘能力、专业知识、创新能力、人际敏感度、团队协作能力、自信、构建关系网的能力、整合力、适应能力、交叉文化感知能力、决策能力以及全局统筹能力等。这些能力除了需要在 Wipro 培训课程中学习外，还会作为公司绩效评价体系的一个基本组成部分。在年度总结时，Wipro 为员工在与其工作相关度高的能力方面，做出 1 ~ 5 的等级评价，并以此作为提升员工绩效的建议指标。

（3）提供阶梯式培训，持续不断地改造智力。

在投入时间和金钱后，公司并不希望看到它培养出来的优秀员工辞职和签约它的对手公司，这也是公司为员工提供阶梯式培训的原因之一。公司的员工一般需要几年的时间才能爬完这些培训的阶梯，而这些培训可以帮助员工赢得升职的机会或者帮助他们拓展新领域的知识。有两个正式的职业生涯"梯子"：技术与管理。无论员工想要走哪条职业发展道路，公司都会为他们提供全方位的课程设计，从而帮助其提升业绩和丰富专业知识。

（4）针对所有人的自我提高项目。

Wipro 为各层次的员工提供了自我改进培训项目，包括 Wipro 拥有主要业务的国家交叉文化培训，以及一些主要国家的语言培训。在中国、日本、法国及德国的这些非专职的培训项目一般需要 180 ~ 360 小时不等。

此外，世界各地商业专家访问印度时，Wipro 都会多次邀请他们举办专家讲座。Wipro 把这些名人的演讲制成录像，放到因特网上，让员工在任何地方都可以收听收看。

同时，Wipro 也不忽视员工的精神生活和情感生活，许多培训项目中的课程和训练是专门针对心理健康和生活平衡技巧而设计的。

从以上策略可以看出，Wipro 获得"培养基地"的美誉是有原因的，它努力地帮助员工成为一个更好的人。在帮助员工成长的同时，也为 Wipro 塑造了一个良好的社会形象，既增加了自身的吸引力，也增强了员工的归属感。这不仅有助于自己在与西方企业的竞争中获胜，也能帮助 Wipro 完成角色转换，即把公司从廉价劳动力的海外供应商转变成为客户的顾问和伙伴。

　　中国大部分的公司的成长速度还并没有像 Wipro 一样，需要把招聘、培训新员工遇到的挑战当成家常便饭，它们的员工总数增长很慢。但是对于我国的管理者，Wipro 还是能够提供很好的经验和教训，如培训新员工如何定位自己的工作，持续提高自己的业绩等。对于那些在市场整合中迅猛扩张的企业，Wipro 的人力资源策略也为如何使企业迅速做大做强方面提供了蓝本。

第三章 奔跑的大象：塔塔（Tata）

第一节 Tata 的发展历程

一、集团简介

塔塔集团（Tata Group，以下简称塔塔）是印度最大的商业集团，创立于 1868 年，总部位于印度孟买。其商业运营涉及七个业务领域：通信和信息技术、工程、材料、服务、能源、消费产品和化工产品。作为印度迅速发展的商业集团，塔塔旗下拥有 100多家子公司，业务遍及 6 大洲的 80 多个国家，对 85 个国家有产品和服务出口业务。塔塔 2011—2012 财年总收入为 1 000.9 亿美元，其中 58% 来自海外业务。集团在全球各地的员工数量约为 45 万人。一直以来，在印度塔塔这一名字以其恪守良好的价值观和商业道德而广受尊敬，在《福布斯》全球最受尊敬的公司评比中排名第 11。

每个塔塔公司或企业都是独立运作的，具有自己的董事会和股东。塔塔共有 31 个上市公司，其市值总额约 910.2 亿美元（截至 2013 年 1 月 10 日），拥有 360 万个股东。塔塔的主要公司包括塔塔钢铁公司、塔塔汽车公司、塔塔咨询服务有限公司（Tata Consultancy Servicas，TCS）、塔塔电力公司、塔塔化工公司、塔塔全球饮料公司、印度酒店集团、Titan 以及塔塔通信公司等。

塔塔钢铁公司在成功收购英荷康力斯集团（现已更名为印度塔塔钢铁公司）以后成为世界前十大钢铁制造商。塔塔汽车公司是世界排名前五位的商用车辆制造商之一，2008 年收购了捷豹和路虎。塔塔咨询服务有限公司（TCS）是世界领先的软件服务外包公司，除印度本土，公司在美国、英国、匈牙利、巴西、乌拉圭和中国拥有多个交付中心。通过收购英国泰特莱（Tetley）茶叶公司，塔塔全球饮料公司奠定了世界第二大品牌茶叶公司的地位。塔塔化工公司是世界第二大纯碱生产商。塔塔通信公司是世界最大的语音服务批发商。

随着旗下公司的足迹遍布世界各地，塔塔的国际知名度也在提高。英国咨询公司品牌金融（Brand Finance）2012 年对塔塔品牌的估值为 163 亿美元，在 2012 全球前 100 大品牌中位列第 45 位。在《商业周刊》杂志推出的"世界前 50 位最具创新性公司"排名中，塔塔列居第 17 位；在美国声誉研究所（Reputation Institute）于 2009 年推出的"全球最负盛名的企业"排名中，塔塔排名第 11 位。

塔塔由詹姆谢特吉·塔塔（Jamsetji Tata）于 1868 年创立，集团的早期发展深受民族主义精神的鼓舞。塔塔在印度开辟了数个对国家具有重要意义的行业：钢铁、电力、酒店和航空业，塔塔的开拓精神在其旗下的公司中也得到了体现。这些公司包括塔塔咨询服务有限公司，该公司是印度第一家软件服务外包公司；还包括塔塔汽车公司，该公司于 1998 年生产出印度第一辆本土研制汽车——Indica，还推出了世界上最经济小型车 Nano。

塔塔集团长期以来一直坚信将财富回馈所服务的社会的宗旨。塔塔有限公司（Tata Sons）是集团的控股公司，其三分之二的股权由慈善基金持有，这些慈善基金建立了国家级的科学技术机构、医学研究机构、社会研究机构和表演艺术机构。这些慈善基金还为教育、医疗和生活领域的非政府组织提供援助和支持。塔塔旗下的各家公司还将社会公益活动扩展到其企业单位周围的社区。这些慈善基金和塔塔旗下公司在发展方面的总支出占集团纯利润的 4% 左右。

塔塔未来的战略重心将在新技术和创新方面，推动公司在印度及全世界的业务发展，Nano 汽车就是其中的一个例子。还有一个例子就是 Eka 超级计算机，2008 年该计算机的运算速度世界排名第四。塔塔正成长为一个国际化的企业，它扎根于印度并恪守传统价值观和良好的道德标准，在兼顾其股东、员工和更广泛社会的利益的同时，通过卓越和创新来实现增长。

二、发展历程

1868 年，詹姆谢特吉·塔塔开创了自己的贸易公司，为塔塔的发展奠定了基础。

1902 年，塔塔印度酒店集团成立，设计建造了印度第一座豪华酒店泰姬玛哈大酒店，并于 1903 年正式开业。

1907 年，塔塔钢铁公司成立，并在詹谢普尔建造了印度第一个钢铁生产基地，工厂于 1912 年投产。

1910 年，第一家塔塔水力发电公司成立。

1917 年，塔塔进入消费品领域，成立了塔塔油脂加工公司，开始供应肥皂、洗涤剂和食用油。1984 年塔塔将这一公司卖给印度联合利华。

1932 年，塔塔航空作为塔塔有限公司的一个分支机构成立，成为印度第一家航空运营公司。1953 年塔塔航空归为国有。

1939 年，现今印度最大的纯碱制造商塔塔化工公司成立。

1945 年，塔塔工程与机动车公司（2003 年改名为塔塔汽车公司）成立，生产机动车产品和机械产品等。

1962 年，塔塔 Finlay（现已改名塔塔茶叶公司）成立，现已发展成为世界上最大茶叶制造商之一。塔塔出口公司成立，现已改名为塔塔国际，是印度领先的出口贸易公司。

1968 年，塔塔咨询服务有限公司（TCS），印度第一家软件服务公司，作为塔塔有限公司的分支机构成立。

1998 年，塔塔国产汽车——印度第一家自主设计自主制造的国产汽车，由塔塔汽车公司生产。从此，塔塔集团进入轿车领域。

2000 年，塔塔茶叶公司收购英国泰特莱茶叶公司。这是印度企业集团首次收购国际品牌。

2002 年，塔塔咨询服务有限公司（TCS）成为印度第一家销售额突破 10 亿美元的软件公司。

2007 年，塔塔钢铁收购了英荷康力斯集团，成为世界第五大钢铁制造商。塔塔信息技术（中国）股份有限公司成立。

2008 年，塔塔汽车发布世界上最便宜的小车——Nano。塔塔汽车从福特汽车收购了捷豹、路虎品牌。塔塔化工收购了美国通用化工。

2009 年，塔塔汽车宣布 Nano 汽车正式上市，订单超过 20 万。塔塔化工发布世界上最节能的 Swach 净水器。

2010 年，塔塔 Nano 位于 Sanand 的新工厂正式投入使用。

三、关于塔塔家族

1. 塔塔的诞生

那一年，詹姆谢特吉·塔塔生于古吉拉特邦帕西教的一个牧师家庭，家族信奉的是三正一体的"善思、善言、善行"（good thought, good words, good deeds），这也成为指导詹姆谢特吉一生的行为准则。

帕西人是 8 世纪从波斯迁居到印度古吉拉特的移民，后又扩散到孟买地区，大多是拜火教徒。他们在印度人口中的比例极小，与印度本地的其他民族相比，帕西人比较不受宗教和种姓制度的约束，思想开明，易接受新事物。他们注重教育，文化水平大大高于其他印度民族。在一个时期里，与中国的大宗贸易都由帕西人经营。得益于长期的经商和与英国人共事的经历，帕西人既有了资金又有了经验，成为印度最早的买办商人。

1856 年，詹姆谢特吉以优异成绩获得埃尔芬斯顿学院（Elphinston College）的奖学金。这所学院由英殖民者创办，传授现代知识，为的是培养出一个对英国有强烈认同感的精英阶层。虽然詹姆谢特吉正是其中的培养对象，但他在 1857 年同样见证了第一次印度起义。这次起义于次年被残忍地镇压，从此殖民地的"代言人"英属东印度公司退出了次大陆，英国政府走到幕前，开始直接管理，并正式将印度并入日不落帝国的版图。

1858 年毕业后，詹姆谢特吉进入一间律师事务所，准备向法学方向发展，但第二年他还是选择了进入父亲的商行学习做生意。

19 世纪 60 年代，美国南北内战导致棉花无法进入英国，印度向英国出口的棉花在数量和价格上都开始大幅增加，财富源源流入印度。这种几乎是天赐的棉花繁荣使得孟买出口商一夜暴富，在美国内战的四年里，估计有 800 万英镑流入了这座城市。

在这期间，詹姆谢特吉被派往英国，一待就是四年。他在伦敦结识了众多帕西政治活动家，并深受影响，倾向于通过参与当地政治影响英国对印度的政策。

他还利用这段时间参观了兰开夏的纺织工业，并几次到曼彻斯特考察。在被现代化纺织工厂高效触动的同时，他更被那里地狱般的工作环境所震撼，展现在他眼前的是大英帝国绚烂外表下的黑暗角落：人们在寒冷的北方夜以继日地工作；孩子们以一天一便士的报酬，在纺织机底钻进钻出，捡取掉落的棉花絮。穷人似乎除了被拼命地榨取，毫无改变命运的机会。

1873 年，詹姆谢特吉再访英国，看到印度的棉花运到兰开夏（自美国内战之后，印度棉花已经是英国纺织业的一个重要来源），经过加工、纺纱到织成布匹，又出口到印度。这深深地刺痛了他，他决定在印度本地设立工厂。

1877 年，塔塔的新厂正式投产，工厂起名为女皇纺织厂。

英国纺织厂的梦魇一直困扰着詹姆谢特吉，他想建立一个能让人有尊严地工作的企业。于是，女皇纺织厂架设起了通风管道和排气扇，实施徒工培训计划，每个工人都上了保险和养老金，妇女还享有产假及特设的育婴房。在被认为最先进的《英国工厂法》颁布前 25 年，这家身处英国殖民地的工厂就已经制定了更为优厚的雇用条件。

詹姆谢特吉随后又在孟买设立了斯瓦德希纺织厂，这是他第一次表露出国家主义态度，从此便一发不可收拾。厂名意味着创造一个自产自足、不受奴役的印度。见证了英美如火如荼的工业革命后，他认为印度的自由必须建立在牢固的工业基础之上，为此提出了终生为之奋斗的三个目标：分别建立一座钢铁厂、一座发电厂和一所世界级的科研机构。

詹姆谢特吉打算捐出一半的财产，用以建立一所高等科学技术大学。这需要当时英国殖民政府的帮助，但高傲的殖民总督寇松拒绝了他。

彼时，新生的印度民族资本主义和英国殖民者、英印政府在一段时间内处于某种共生状态。随着印度民族运动的开展，英印政府认为，为防止印度民族资本投入民族主义运动，必须对他们采取一种较为宽容的政策，让他们发展工业。同时，因为殖民者在印度的发展需要大量的原材料，光靠进口已经无法满足需求，英政府的态度开始发生转变。

詹姆谢特吉在生命的最后 22 年里，一直在为印度的第一座钢铁厂而奔波，因为他深知"控制钢铁的国家就能控制黄金"。1899 年，印度总督寇松开放了采矿特许权。同年，印度南部和中部多处发现了可靠的铁矿源，詹姆谢特吉知道印度的钢铁时代已经来临，他立刻赶赴英国会见了当时的印度事务大臣乔治·汉密尔顿（George Hamilton），并得到了后者的支持。

但是建设钢铁厂并不是一件容易的事。首先，厂址必须有丰富的含铁量高的铁矿、有可冶炼为焦煤的优质煤矿，还要有充足的水源和良好的交通运输条件。为此詹姆谢特吉在 1900 年来到了当时正冉冉升起的工业大国——美国，通过行内人士的介绍找到了国际知名的勘探专家查理斯·帕杰·帕林（Charles Page Perin）。

詹姆谢特吉邀请帕林前往印度担任自己的顾问工程师。帕林为这突如其来的陌生邀请而惊讶不已，又为詹姆谢特吉的气质和力量所折服，于是爽快地答应了。

可惜勘探还没开始，詹姆谢特吉的心脏已经开始日益衰竭。1904 年的一天，他把自己的堂弟 R.D·塔塔召到床前，说："如果你不能把家族事业壮大，至少维持现状，不要毁了这份家业。"1904 年 5 月 19 日早上，詹姆谢特吉再也没醒过来。

2. 遗愿的实现

詹姆谢特吉留下的精神财富为塔塔家族后人树立了两大原则：企业家上必忠于国家，下必忠于员工与股东。按照印度老家族的传统，大儿子道拉布吉·塔塔（Dorabji Tata）接任塔塔家族的董事长职务，在叔叔、弟弟拉坦·塔塔（Ratan Tata）的鼎力协助下，延续着印度的钢铁梦。

头两次大规模的勘探都因矿产地周边没有充足的水源而放弃。直到 1907 年，他们选中了一个名为"萨克奇"（Sakchi）的地方。

工厂的建设需要 200 万英镑的投资，由于英国人对此态度冷漠，道拉布吉决定向印度国民集资。当时抵制英货的浪潮正由孟加拉席卷至全印度，于是在孟买塔塔办事处，从清晨到深夜，挤满了认购者，其中包括平民百姓、巨富商贾，甚至土邦王公。三个星期里，8 000 名投资者买下了 163 万英镑的股权，塔塔家族在其中占了 11%，最后瓜利奥土邦王一人购下了剩余的 40 万英镑股权。印度第一座钢铁厂从此落地生根，时至今日，它已经成为世界上产能效率和环保达标最为领先的钢铁厂。

1911 年，印度科技大学在班加罗尔成立，如今这里每年都能走出 2 000 名年轻的研发人员，其中还包括一名诺贝尔奖获得者。这延续了詹姆谢特吉生前的理想，当年他就曾设立巨额奖学金，印度到英国等西方国家深造的学生中，1/4 以上都受到了塔塔奖学金的资助。

1918 年，年仅 47 岁的拉坦英年早逝，道拉布吉悲痛之余，毅然决定以弟弟的名义，率先成立一个信托基金会。1919 年，拉坦信托基金会正式成立，拉坦的全部财产纳入基金会，资金全部用于教育、慈善、工业支持及国家建设，开创了印度慈善信托基金的先河。塔塔家族的后代对自己所创造的财富一直采取相同的做法。

随后，道拉布吉又以身作则，宣布将自己的全部财产捐出，成立道拉布吉信托基金会。此举不仅完全稀释了塔塔家族传人手中的公司股权，而且通过重新设计的企业控制结构，使塔塔家族成功地超越传统的家族企业，摇身一变，成为真正的企业家族。这样既保持了家族对企业的有效控制，又避免了传承中容易出现的一股独大、兄弟分家、子嗣纷争等诸多问题。这也延续了詹姆谢特吉的一贯思想：塔塔家族的财富不仅属于家族后代，更属于印度人民。

3. 天空的精神

在詹姆谢特吉死后 70 天，JRD 塔塔的二儿子在巴黎出生，夫妻俩给这个孩子取了一个帕西人的名字：Jehangir，意为征服世界的人。

20 世纪初的巴黎是世界文化之都，飞行员是当时最伟大的英雄。JRD 塔塔的梦想一直是成为一名空军飞行员。24 岁那年，JRD 塔塔成为第一位得到飞行许可证的印度人。

他的第二个梦想是进入剑桥大学深造工程学，最后却因父亲的召唤而回到印度，加盟塔塔家族，从无薪学徒干起，并为自己无法接受高等教育抱憾终生。

从巴黎到孟买，20 岁的 JRD 放弃了世界文化之都优雅的生活，回到了塔塔。JRD 入职不久，就遇到了钢铁厂一次最为严重的危机，甚至连工资都发不出来，当时的集团主席道拉布吉为此拿出了自己的全副身家。

JRD 在这段时间被派去钢铁城——塔塔家族以及印度新兴工业的心脏地带，随后又接到了父亲的噩耗。此刻他才意识到父亲不允许自己去剑桥大学进修的深意。随着火车临近孟买，家族接班人的使命悄然降临在了他头上。

此时，印度对于 22 岁的 JRD 来说更像异乡，毕竟他的青少年时期是在法国度过的。环顾四周，他几乎找不到任何可靠的亲戚或朋友。JRD 继承父亲永久的管理职位以及他背负的债务。

JRD 要做的第一件事就是变卖家里的房子及剩余房产，以还清家里拖欠道拉吉布以及集团的债务。作为集团的惩罚，他的起始工资骤降，小写字台被安排在了塔塔钢铁公司主管约翰·彼得森（John Peterson）的旁边。从此，这位苏格兰人成为 JRD 的良师益友，JRD 从他身上吸取到了不断追求完美的热情。

在经营初期，JRD 几乎把全部注意力放在了印度的天空上，从航空邮件服务做起。

三年过去，小本经营的航空邮件部摇身一变，成为塔塔航空，开创了印度的航空业先河。在 JRD 的带领下，塔塔航空迅速腾飞，于 1946 年率先实现了上市，成为家族第一家公众持股公司，更名为印度航空（AirIndia），并开始客运服务。印度独立之后，塔塔又成立了印度国际航空公司（Air – Inida International），JRD 透过自己独特的品位和事无巨细的参与，使它跻身于世界最好的国际航空公司之列。

塔塔航空如此腾达，以至于印度政府都垂涎三尺。1953 年，总理尼赫鲁亲自出面，希望能将民航业国有化，其中包括印度国际航空公司。然而，印度国际航空公司不仅是塔塔家族产业的新支柱，更是 JRD 塔塔本人 20 年心血的结晶，他曾多次写信给尼赫鲁，但都无济于事，最后他愤怒地说道："他们根本不顾我们的死活，包括贾瓦哈拉尔（即尼赫鲁）！"

他们两人虽然从小就通过父辈认识，友谊一直持续到尼赫鲁去世，但他们显然代表着两个世界。JRD 是自由市场经济的坚定拥护者，而尼赫鲁曾经在官邸花园里亲口对 JRD 说："永远不要跟我提利润这个词，它太肮脏。"

更麻烦的问题随即出现，尼赫鲁希望 JRD 在交出企业后继续担任国内和国际航空公司的主席，这引起了 JRD 的担心：如果接受这项任命，将助长政府以极少补助将其他行业国有化、任命行业领军人物为政府效力的行为。

为此塔塔 18 个部门的负责人坐到了一块，为是否接受这次任命展开了激烈的争论。最后鉴于家族先人忠于祖国的祖训，以及 JRD 与尼赫鲁非同寻常的私交，塔塔将印度国际航空公司贱卖给中央政府，家族只保留 20% 的股权。

JRD 忍受着被背叛以及企业被绑架的痛苦心情，开始出任两个公司的主席，兢兢业业地干了 25 年，直到 1978 年政府辞去了他的职位。此后，印度航空的服务质量和业绩一落千丈。

除了航空业的杰出成就，JRD 在主政的 50 年中，还带领家族成功进入化工、汽车、茶叶、酒店、医药、金融服务、信息咨询、手表、配件、电信、零售、保险等众多行业，并在茶叶、汽车、信息咨询、钢铁、纺织等多个行业成为领头羊。彼时，塔塔成为印度的第一家族。同时，在 JRD 坚持不懈的支持下，塔塔基础研究院、塔塔纪念医院、塔塔社会科学院、印度国家高等科学研究院和国家艺术表演中心相继落成。

1993 年，JRD 在日内瓦医院去世，被埋葬在巴黎的拉雪寺神父公墓。伴随着他的离去，一个时代结束了。印度，或者说属于印度人的一抹高尚永远消失了。

4. 重整河山

塔塔的第四代继承人小拉坦（Ratan Tata）跟 JRD 比起来，少了一丝个人魅力，仿佛天生就是为家族事业而生。他没有结过婚，不喜欢公开露面，回避在会议上演讲和接受欢呼。他生活俭朴，不喝酒、不吸烟，似乎不工作就不舒服。他工作的动力不是金钱，他经常谈论公平、正直，做一些正确的事情。在新德里一家由塔塔拥有的旅馆里会见记者时，小拉坦说了两次："我希望在晚上能够安稳地睡觉，我希望自己没有伤害任何人。"

他 15 岁去美国，25 岁获得康奈尔大学建筑学学士学位。跟 JRD 一样，"如果不考虑姓氏，我就做建筑师了"，可是他最终还是在大学毕业那年加入了集团。

1991 年印度开始推行"经济自由化"之后，习惯了靠政府许可证过活的家族企业们一时间手足无措，内部竞争骤然加剧，外部世界的全球化狂潮也卷入了印度国门。由于不能及时转型，众多古老的家族王国迅速倾颓，只有那些反应迅速的家族幸存。小拉坦正好在那一年成为塔塔的董事长。

小拉坦上任后曾私下承认，其家族生意的状况"糟糕得令人恐惧"。塔塔的九十多家企业全都掌握在一批 70 岁以上、最高龄者达 90 岁的领导者手中，他们思维僵化、位高权重，拒不执行集团主席的指令。而塔塔的控股公司在这些企业中只握有微不足道的股权。为了改变这一局面，小拉坦领导控股公司买下了所有主要企业的控股权，并规定企业领导人的退休年龄不得超过 65 岁，这一招迫使塔塔控股的大部分企业撤换了领导人。

接着是对垂死的塔塔钢铁的重组——1991 年，小拉坦将钢铁厂的员工从原有的 7.8 万人裁至 4.5 万人。如此大规模的裁员，却没有引起罢工潮。这除了小拉坦的灵活手腕以外，先辈的感情积累也是重要因素。印度经常发生罢工，但塔塔集团下属的钢铁公司在近 75 年来从未出现过一次罢工事件。

裁员为企业止血之后，小拉坦耗资 250 亿美元更换了工厂的陈旧设备，将世界上最落后的炼钢炉变成了最先进的设备。在炼钢厂逐渐恢复生气后，小拉坦开始马不停蹄地进行国际化拓展。

如今塔塔依旧是印度最大的财团，2011—2012 财年总收入为 1 000.9 亿美元，其中

58% 来自海外业务。

第二节　Tata 的核心竞争力

在印度，塔塔身影无处不在：最大的钢铁和电力企业、最大的豪华饭店连锁网、最大的茶叶生产商、最大的民族轿车生产商……一连串头衔，让市值总额 900 多亿美元的塔塔集团成为印度当之无愧的顶尖财团。

一、发家的秘诀：抱负、胆识、毅力、爱国

跨入印度最大钢铁厂——塔塔钢铁公司的大门，迎面矗立着一座巨大的铜像，这就是塔塔财团创始人詹姆谢特吉·塔塔的塑像。正是他 100 多年前的不懈努力奠定了塔塔今日的辉煌。从 19 世纪 50 年代起，詹姆谢特吉就跟随父亲，来往于孟买与香港、上海之间，从事棉花、茶叶、丝织品等进出口生意。由于他早先为英军供给军需品，交易后总爱道声"Tata"（再见），久而久之，"塔塔"就成了其家族的"姓"。

1869 年，詹姆谢特吉在印度中部创办了第一家棉纺厂，起初因产品质量次而销路不好，两年后就关闭了。吸取教训后，8 年后，他重建纺织厂，从美国进口了最先进的设备。凭借胆识和毅力，塔塔家族在 19 世纪末崛起成为印度首富。

詹姆谢特吉是一位民族自尊心很强的爱国者。当年，他在欧洲旅行期间，因肤色被一些高级宾馆拒之门外。受辱后，詹姆谢特吉发誓要在印度建一个世界顶级的宾馆，让傲慢的西方对印度人刮目相看。1903 年，气势雄伟的泰姬玛哈饭店在孟买问世，成为当时世界十大旅馆之一。时至今日，它仍是国际政要造访孟买时下榻的首选。

早在 20 世纪初，詹姆谢特吉就开始思考印度经济的富强之路。他认为，要实现印度工业化必须依靠钢铁、电力和科学技术。为此，年事已高的詹姆谢特吉四处奔波，着手筹建钢铁厂。1904 年，他在德国为钢铁厂筹资时因病逝世。

二、壮大的秘诀：自主品牌、国际认可

詹姆谢特吉未完成的事业和梦想，在他的两个儿子、侄儿以及侄孙的手中，陆续得以实现。

1907 年，塔塔钢铁公司成立。"一战"期间，塔塔钢铁公司规模不断扩大，成为印度民族钢铁业的老大。随后创立的塔塔水力发电公司成为当时印度第一家水电站。几年后，他又相继建立了安得拉河谷电力公司和塔塔电力公司，担负起提供孟买乃至全印度工业和照明用电的重任。

印度独立后，由于国内工业政策的保护，塔塔集团继续发展，始终保持印度第一财团的地位。它的产品和经营范围覆盖了从茶叶、汽车、钢铁、机械、纺织、印刷到电脑软硬件的各类产品。此外，塔塔还以惊人速度向电信、生物技术、保险、生命科学和服务业扩展，集团分公司现已扩大至100多家。

早在几年前，塔塔的第四代掌门人小拉坦就明确提出，走国际化道路，拓展海外市场，才能使集团在全球化浪潮中立于不败之地。

塔塔集团目前是印度最大的企业集团，雇用45万名员工，资产总值达900多亿美元。

在印度旅行，无论走到哪里，你都会看见塔塔（TATA）汽车在奔跑。塔塔汽车是土生土长的印度品牌，现在却在国际市场上"横冲直撞"，凭借的就是自主品牌。塔塔旗下的子公司塔塔汽车的自主研发，成为塔塔集团成功最有说服力的典范。

本世纪初塔塔开始进军轿车市场，由于成功推出一款自主研发的轿车品牌 Indica（印迪卡），很快便登上国内轿车市场的第二把"交椅"，占有16.9%的市场份额，而且出口到70多个国家，年销售额在30亿美元左右。

塔塔汽车公司高级副总裁拉吉夫·杜别表示，该公司生产的汽车90%都是自主研发、设计与制造的，这是塔塔汽车驰骋江湖的资本。

印度汽车工业协会负责人表示，印度汽车企业在自主研发方面舍得下功夫，现在有很多厂家已经掌握了核心技术，开始拥有自主知识产权的车型，在竞争力方面正日渐缩小与欧美国家汽车企业的差距。

但在进军汽车业之初，塔塔碰到了不少麻烦，亏损相当严重。其中部分原因是进入的时机不合适：那时正好是卡车市场的周期性低迷时期。经过3年的苦苦挣扎之后，印迪卡和塔塔的另外一个轿车品牌印迪戈开始被市场所接受。现在这两大品牌已经占到印度中小汽车市场1/4的份额。

后来在回忆这段经历的时候，小拉坦说1995年当他决定进军客车市场的时候，丰田和大众都来找过他，想进行合资，但他最后还是决定单干，因为小拉坦认为企业成长的道路必须掌握在自己手里，由自己选择。在那个保守的年代里，这样的举动非常罕见。

20世纪90年代初，随着印度开始对外开放的步伐，塔塔主席小拉坦意识到集团公司生存下来的唯一道路是提高效率，以顾客为主导。

经过调研，塔塔决定采用美国鲍尔德里奇国家质量奖作为模型，建立了"塔塔杰出经营模式"的质量管理体系，每半年即用质量管理体系进行外部评估。

最终，塔塔品牌得到国际认可。美国的声誉研究所将其评为世界最受尊重品牌第六位，美国《商业周刊》将塔塔列为世界最具创新意识公司第六名。

三、发展的秘诀：为人民服务

在推出全世界最便宜的汽车——Nano 后，塔塔集团正在准备推出全世界最便宜的住房。

被印度媒体称为"Nano之家"的塔塔房地产项目位于孟买市郊。主打户型为面积283平方英尺（1平方米约合11平方英尺）的一室，售价5 200英镑（1英镑约合10.3元人民币）。另一种是总价合9 000英镑、面积为465平方英尺的一室一厅。

孟买是印度房地产价格较高的城市，其地产价格可以与伦敦或纽约的某些项目媲美。"Nano之家"被认为是世界上最便宜的城市住宅，预计数以百万计的贫民窟居民和租房一族将有望抓住这个机会，第一次拥有属于自己的体面住房。

虽然第一期推出1 000套，但从接受预定以来，已经接到超过7 000份申请，网站点击率超过300万。类似Nano汽车，最终住户将由抽签决定，第一期预计两年后可入住。

塔塔房地产项目的首席执行官班纳吉说："为金字塔最底层的大众服务是一个巨大的商机。我们的动力就是为数百万买不起自己房子和住在贫民窟的人服务。我们的哲学就是为社会做贡献，解决普通人的问题。"

他说："父母不希望自己的子女在贫民窟里长大。拥有自己的住房是很多人的梦想，这正是我们所提供的——干净、卫生和质量可靠的新房子。"一辆Nano汽车和住房加在一起大概需要6 600英镑。

首批1 000个住房单位已经在孟买郊区开始兴建，这里到市区乘城铁需要两个半小时。这个占地67英亩的社区将包括一家医院、一所学校、一个邮局，还有社区中心、活动场地以及花园。这些都是住在城区贫民窟的人们一直以来梦寐以求的。

就像"Nano汽车"计划宣布后，很多人质疑其可行性一样，很多人也不解"Nano之家"能否给塔塔带来利润。塔塔房地产发展集团高级市场经理拉吉夫告诉《国际先驱导报》："尽管利润没有其他高档住宅项目高，但是符合塔塔公司一贯'服务人民'的公司哲学。"

四、长盛的秘诀：有责任感才有未来

塔塔的核心价值观为：真诚、理解、优秀、团结和责任。集团及其企业从创业至今一直强调这些价值观，并赢得了大众的信任和尊重。

塔塔最为特别的是它的高福利制度。以塔塔下属32家子公司中规模最大的塔塔钢铁公司为例，该公司过去15年裁减了一半左右的员工，使它成为钢铁业成本最低的公司之一，但被裁掉的员工可以继续领全额工资直至退休。据塔塔集团介绍，塔塔钢铁公司内部有投诉委员会，每年开会两到三次，解决相关人员对股票交易、分红等问题的不满，明确规定股东的利益高于一切，不允许内幕交易并对此采取透明化措施。

此外还有道德监察委员会对员工福利进行监督，塔塔钢铁公司最近还采用了"社会责任8 000标准"。不仅如此，塔塔集团每年投入所有收入的4%用于回馈社会，不仅为员工提供福利，还建立了科技、医学、社会和艺术等国家学院，并资助教育、医疗卫生和民生方面的非政府组织。

塔塔建在印度西南部的钢铁基地，在近100年前刚刚建成时，就建立了公共卫生系统。当时的领导者R. D·塔塔还为公司修建了学校、教堂、公园、医院及职工宿舍。

此外，他还提供免费医疗服务，即使在后来的经济困难时期，塔塔也依然保持这种制度，直至今日，这里的所有员工都享受全额的医疗和教育费用。由于福利待遇高，劳资关系处理得当，据称塔塔钢铁公司连续75年没出现罢工事件。

很多人认为塔塔是纯粹的家族企业，但R.D·塔塔介绍，实际上整个家族只拥有2%的股份。管理方式是：控股公司塔塔之子有限公司拥有下面各公司25%~38%的股份，而塔塔之子的65%股份是由两个非营利性的托管机构所拥有。盈利的65%进入慈善基金，再投入慈善事业，如教育、医药等。同时集团要求子公司在各自社区承担"强烈的社会责任"。

如今，塔塔——这头印度巨象历经百年长途奔跑，步伐依然坚定，因为要承载的还有很多，要走的路还很长。

第三节　Tata 的管理诀窍

对于很多印度人来说，他们生活的一天是这样开始的：早晨醒来时，喝一杯塔塔茶或者塔塔咖啡；早餐后出门坐塔塔汽车上班；到办公室后打开电脑用塔塔应用软件开始一天的工作；而他们出差的时候会住在塔塔酒店……对于他们来说，塔塔已经不只是一个名字，而是一个"塔塔世界（Tata World）"。"我们努力使生活更加美好。"塔塔集团执行总裁哥帕拉克里希在一次接受采访时说。

印地语中，"Tata"代表"大生意，大事业"。塔塔的历史可以追溯到19世纪中期，发展到今天，220多亿美元的年收入占了印度整个国家GDP的将近3%，也使得这个家族企业对于印度人的影响力几乎可以说是如空气般不可或缺。覆盖多个行业的100多个子公司让塔塔的触角能够深入各个方向并敏锐地感受着各种信息，从而准确地做出商业决策。世界上几乎再也找不到一个可以从咖啡跨越到汽车，再到软件这么远距离行业的集团了。在塔塔不动声色地挑战着多元化的极限时，更多的人开始试图解读出塔塔成功的管理诀窍。

一、家族管理职业化

塔塔成功的秘密关键在于它有一种松散的集团事业部管理模式，并实行职业化管理。家族成员只是母公司（Holding Company）的CEO。在塔塔集团采用的家族领导模式中，家族成员只担任很小的一部分管理职位，他们只负责制定总体愿景和战略规划，具体的执行由集团的业务单元独立完成。这些单元的自治度都很高，并由职业经理人管理。很多业务单元都已经持续超过三代的时间。

塔塔跨越的行业包括通信、机械、材料、服务、能源、消费及化学七大行业。集团的多元化程度很高，但每一个业务单元的业务都是相对独立而且非常专注的。塔塔可以处理 100 个不同的业务领域。塔塔集团的母公司没有上市，但子公司都上市了；与 GE 和 IBM 的方式完全相反，它们是母公司上市。所以塔塔集团相当于在身体的不同位置连接有 100 条腿，可以同时进行业务。而这也正是提供给职业经理人发挥才能的最好舞台。塔塔汽车或塔塔咨询服务公司就是由一流的职业经理人来领导的。

塔塔集团为了不断加强自己的职业化管理，还建立了塔塔管理培训中心，定期让公司的管理人员与来自新加坡等国家的 MBA 学生和教授进行管理科学的研究和案例学习等。这使塔塔很少面临管理人才断层或匮乏的境地。

在家族企业的继任体系中，必须激发职业经理人的积极性，而其中的一个关键要素是给职业经理人自主权。如果有才能的职业经理人被给予适当的自主权和激励措施，他们就不会介意加入家族企业。另外，职业经理人喜欢挑战。如果他们确信他们会面对足够的挑战，并且有足够的资源可以提供给他们实现理想，他们就会非常卖力。最重要的一点是，必须建立一个公平的管理流程以激发职业经理人，而塔塔集团正是这样做的。

二、优秀的价值观与良好的行为准则

要管理如此大的一个集团，必须要有优秀的价值观，塔塔做到了。塔塔集团一直在成为创建价值驱动型企业组织的路上，它所突出的价值标准将继续引导集团公司的发展与业务拓展。

塔塔的五个基本价值观：一是真诚：公正、诚实、透明。一言一行必须能够经受得住公众的监督和考验。二是理解：对待同事和客户，必须关心、尊重、博爱，一切应符合所服务社会的根本利益。三是卓越：日常工作、产品及服务质量必须满足最高标准要求。四是团结：必须与同事、客户和合作伙伴同心协力，在宽容、谅解和相互合作的基础上，创建更加牢固的关系。五是责任：对国家、对社区、对环境，要有责任感，真正履行"取之于民、用之于民"的承诺。

塔塔的宗旨是提高集团所服务社会的生活质量。"取之于民，用之于民"是他们所珍视的优良传统，它为塔塔集团赢得了客户、股东及社会的普遍信任。他们为员工和公司分别制定了高标准的行为规范，力争将这一传统发扬光大。

良好的行为准则对一个的经营和管理是十分重要的，在这方面塔塔一直贯彻自己的理念，并制定了严谨合理的 25 章准则，这些准则不仅利于塔塔集团本身，而且也有利于塔塔的每个职员，甚至有利于印度政府。

三、2 + 2 = 5 的并购法则

国际化是许多企业在发展过程中不约而同的选择，在这个过程中，并购是经常采用的一个手段。在对比了中印两国企业的海外并购风格后，我们发现只有一小部分的印度企业走向全球化（这是可以理解的，因为国内市场的增长速度很快）。这些企业中

有很多是依靠其低成本和有技能的工程师的优势。一些印度企业小心地选择市场，避免与全球强硬对手的竞争；还有些印度企业选择在资本密集度更低的领域发展，并且很少发生并购。

在国际化过程中，中国企业采取的行为往往风险很大，比如直接与大型跨国公司正面竞争，如华为和思科；或者为保持竞争优势而大量投资，进行很有风险的高级别并购，如联想和 IBM（原因是在这个利润率很低的行业，要比已经有先进管理制度的 IBM 做得更好，实在太难）；或者选择高级别的市场（如海尔选择美国），这都给企业发展增加了风险。

也许我们可以从塔塔的并购思想中，找到中印企业并购风格差异的原因。塔塔集团执行总裁哥帕拉克里希说："你可以并购一家公司或进入一个新的国家，来为你已有的产品扩展市场或加强你的供应力量。但不管在哪种情况下，你必须做到在已有的国内业务和新获得的国际业务之间有紧密的联合，两种联系要非常清晰而且要不断进行评估。换句话说，你的目标必须是获得 2 + 2 = 5 的分数。"

一个例子是塔塔汽车并购韩国大宇商用车有限公司 DWCV。"DWCV 是韩国第二大重型卡车制造商，年产能达 20 000 辆中型卡车和重型卡车。并购使塔塔汽车有机会借助海外产能和市场来应对国内市场的周期性波动。同时，DWCV 能够通过塔塔汽车的市场网络进入许多国际市场。塔塔汽车在 200HP（英制马力）以下型号汽车制造方面很专长，而 DWCV 在 200HP 以上重型商用卡车方面是专家。"哥帕拉克里希对这次并购很满意，"两家公司有很大的空间共享创意和技术。"

因此，如果要进行并购，所有企业都要问自己的一个问题并最好能做出很好的回答——"我能够买下它并且做得比它好吗？"最好的并购方式是并购一家与自己产生互补的企业，将彼此的空白填补上。

四、集团的全球化

塔塔在全球化经营方面，至少有以下五点经验和两种模式值得我们借鉴。

1. 五点经验：

经验 1：国内核心业务与海外扩张应该是清晰明确的，并且要持续不断地坚持。

经验 2：并购的融合及程序必须与其战略目标保持一致。

经验 3：并购企业的核心价值观需要彻底而没有谈判余地向被并购企业的经理人清楚地加以阐述。

经验 4：在主体国的业务定位应该与公司的各种措施相一致。

经验 5：重要的是融入业务所在地的社会环境，即使融入的程度较低。

2. 两种模式：

模式一是诊断（Prescriptive）式：并购企业相信自己拥有世界级专业水平，可以与被并购企业共享。它在并购后融合的过程中采用诊断的方式，按照自身的设备、配置和流程标准来要求被并购企业。具备一定专业知识的并购方希望将这些知识都迅速地复制到被并购企业。

模式二是适应（Adaptive）式：并购企业对被并购企业进行观察，并以参与的方式，找出双方继续发展的方法。这种模式在亚洲企业界应用更加广泛，它可能来自于企业想要探索和学习别人最佳做法的渴望。这种适应式源于"因没有经验而谦虚"的心态，它有以下两个特点：①探索和寻找周围正确做法的尝试，而不是一种"饼干模子"（Cookie-cutter）的方式。②努力通过保持并购方和被并购方的特点而平衡双方的资产。

第四节　Tata 的战略决策

塔塔历经140多年沧桑，又恰好风华正茂，刚迈开国际化步伐，塔塔集团的目标是弘扬印度民族精神，服务它所处的社会。

业界常用"大象奔跑"来指代印度塔塔集团的发展，然而从塔塔集团的国际化战略我们所感受到的"大象奔跑"的速度远远超出我们想象。

《2000年外汇管理法》生效后，印度储备银行对境外投资的限制大大放宽，允许印度公司对外股份投资和设立独资分公司的投资额上限达1亿美元。除银行和地产外，允许跨行业投资。现政府允许企业在境外投资额超过企业净财产的一倍，企业可以通过国内外金融机构融资。这些改革措施促进了企业跨国经营。

借助这股东风，近10年来，塔塔财团各公司境外收购活动频繁：

塔塔钢铁公司，印度最大的私营钢铁公司，目前年产钢480万吨，2010年生产能力已经扩大到1000万吨。在中国、印度尼西亚、马来西亚、越南、菲律宾和澳大利亚收购钢铁厂，在斯里兰卡收购钢丝厂。其中收购额较大的是：2004年8月以4.86亿美元收购新加坡的Natsteel公司，2005年12月以4.04亿美元收购马来西亚世纪钢铁公司（Millennium Steel）。

塔塔咨询服务有限公司（TCS），印度最大的软件服务公司，在低成本国家如中国、巴西和乌拉圭建立了开发中心。2005年10月收购悉尼的FNS，11月以2300万美元收购智利服务外包公司Comicorn。它的下属公司VSNL于2005年7月以2.39亿美元收购Teleglobe International，以1.5亿美元收购Tyco Global Network。2006年塔塔咨询服务有限公司以1.05亿瑞士法郎（约合8030万美元）收购瑞士软件服务公司TKS-Teknsoft，该公司在欧洲经营状况良好。

塔塔汽车公司，印度最大的商用汽车公司。2004年它以1.2亿美元收购韩国大宇商用车有限公司的重型商用车厂。2005年又在西班牙一家巴士制造和设计公司（Hispano Carrocera S. A）中获得21%的股份，该公司占西班牙巴士市场的25%，还向其他国家出口。另外，塔塔汽车零部件系统有限公司（Tata Auto Comp，TACO）兼并了德国Wundsch Weidinger汽车零件公司。

塔塔茶叶公司，在 2000 年以 187 亿卢比收购英国泰特莱茶叶公司，2005 年 10 月以 3 200 万美元收购英国 Good Earth Corp，2006 年 8 月以 6.77 亿美元收购美国 Glaceau（Energy Brands）。它还通过子公司 Tetley 买下南非茶叶公司 Joekels 33％ 的股份。子公司塔塔咖啡公司在 2006 年 6 月以 2.2 亿美元收购了美国的 8 点钟咖啡公司。

塔塔化学公司，在 2005 年 12 月以 50.8 亿卢比购得英国 Brunner Mond 集团 63％ 的股份，以 16.6 亿卢比收购摩洛哥 Indo－Maroc Phosphore 公司。

塔塔技术公司，于 2005 年 10 月以 9 100 万美元收购英国 INCAT International 公司。

2007 年 4 月，当塔塔钢铁以 120 亿美元并购了英荷康力斯集团时，全世界工商界和媒体的注意力都集中到塔塔身上。实际上这次收购只是塔塔早期国际化进程中的一个里程碑。

塔塔集团国际化步伐具有以下几个方面的特点：

第一，塔塔集团国际化步伐是比照早期的欧洲、美国、日本甚至韩国企业的增长步伐来设定的。

第二，塔塔集团想创造的不是一个国际企业，而是一系列在各自产业内的国际化企业，比如软件、汽车、钢铁、宾馆、茶叶、电信。

第三，塔塔集团各公司不仅致力于创造一个印度的跨国企业，而且致力于创造一个真正意义上的国际化企业，雇用各个民族的人，并为各个地区的经济发展增加价值。

第四，先进技术、开放市场和低成本的物流服务使得现在的企业可以创造一个在此前是不太可能完成的分布式组织。利用先进的通信技术，使得不同地方的人可以在一起工作，不同的团队都凝聚在一起。塔塔皮革公司可以在意大利设计，在印度印染，在中国制鞋，在伦敦销售。

一、基业长青的奥秘

如今，塔塔集团主要业务包括：塔塔咨询服务有限公司（TCS），这是亚洲最大的软件企业；塔塔钢铁，世界第五大钢铁生产商；塔塔汽车，印度最大的汽车生产商，占据了 60％ 以上的印度商用汽车份额。塔塔集团还涉足电力、电信、宾馆、茶饮、钟表、珠宝和工程等。

当然，规模和成功并非塔塔集团在印度脱颖而出的唯一原因。塔塔集团之所以与众不同，不是因为它所从事的业务，而是因为它做业务的方式。

现在，塔塔集团已经不是一个家族拥有的企业。塔塔集团控股公司（Tata Sons）66％ 的股份控制在几家慈善信托基金的手里，而这些基金是二十世纪二三十年代塔塔家族捐赠的。这些信托基金在过去 80 多年里，在印度发起建立了多家重要的研究机构，还资助很多项目，比如健康、教育和灌溉。信托基金也提供奖学金，帮助了成千上万的印度人留学美国和英国。塔塔的宗旨是"提高集团所服务社会的生活质量"，并通过严格的道德规范运营好业务，善待 45 万名雇员和服务好所有客户。

二、大胆设想，勇敢行动

现在这家印度企业的标杆，正以飞快的步伐进行国际化，其业务跨越了很多部门。2006—2007 财年集团 40% 的销售额约合 100 亿美元来自海外，而 2003 年海外收益才 25 亿美元。塔塔钢铁 2007 年并购了英荷康力斯集团，从而推动塔塔 2007—2008 财年的国际销售额超过了 300 亿美元。到 2011—2012 财年，集团总收入为 1 000.9 亿美元，其中 58% 来自海外业务。在新兴市场国家中，还没有一个企业达到这样的增长速度。

当 1991 年印度开始自由化和推行改革时，比中国晚了 12 年，印度企业在质量、技术和客户服务上都不能与西方大多国家的企业进行竞争。同年，拉坦·塔塔走马上任塔塔集团的主席，制定了涵括整个集团的快速变革战略，以保集团所有的企业都有一个清晰的战略。2003 年，拉坦给集团设定了新的挑战，宣布塔塔各公司现在是"大胆设想、勇敢行动"的时候。这一战略是基于这样的认识：世界正在迅速融合，这种新的联系将对大部分行业和企业具有深远影响。不仅关税壁垒和其他限制会减少，而且物流成本也会下降，而通信技术正在改变我们所管理和提供的服务的方式。

自 2003 年，塔塔每个大企业都重新审视自己的企业战略，对价值链上每一个步骤都进行质疑：我们可以从其他市场获得投入吗？我们能在海外雇用人才吗？是否其他地区的设计和工程做得更好？哪里是最好的生产地点？哪个海外市场可以进入，如何进入？哪些潜在的并购可以加速原料供应，品牌、技术、管理和市场准入这一整合过程？

三、分布与集成：母子公司国际化

现在塔塔的国际化步伐加快了，开始迈向真正国际化道路，直接投资海外和雇用海外员工，而不是仅仅出口海外。

但集团业务的自然成长（相对企业并购）仍然是塔塔国际化战略的支柱。塔塔咨询服务公司是集团国际化战略的旗舰企业，2006—2007 财年销售额增长到 43 亿美元，85% 的收入来自海外市场。

由于在各自产业领域的地位不同，集团旗下每家公司的国际化战略都不同。塔塔各公司的运营是以一种分散方式进行，每个公司都有权制定和实施自己的战略。塔塔集团的作用是扮演一个严格要求而且提供帮助的领导者，确保下属企业遵从道德标准以及一致的财务和战略目标，为下属企业提供支持性服务，拥有并管理塔塔这个品牌。

塔塔和旗下各公司一起进行国际市场优先分析和内部自上而下的机会研究，明确了 14 个优先进入的国家。集团的资源，不论是品牌建设预算还是投入的管理时间，都以这些优先进入的国家为中心。这些优先进入的国家包括美国、英国、南非和中国，集团在这些地区都设立了代表处以支持业务拓展和推进塔塔品牌的知名度。各个分公司都努力实现集团协作。

第五节　Tata 对我国服务外包企业的启示

一、中国业务

塔塔在中国有着悠久的历史。1859 年，塔塔创始人詹姆谢特吉·塔塔先生当时正为他叔父的公司工作，被派到香港开办分支机构。数月之后，他转迁上海，直到 1863 年才离开中国。

随着塔塔国际化进程的不断推进，塔塔再一次将中国作为战略重点。从目前塔塔海外投资规模来看，塔塔在中国所占的市场份额相比在美国和英国较小，但是公司正在制订相应计划，快速扩展中国业务。2011 年，集团在中国的销售额约为 64 亿美元，在中国的采购额约为 13 亿美元。塔塔当前在中国约有 3 300 名员工。

1996 年，塔塔国际在上海开办办事处，开展钢铁及其他产品外贸业务。此后，塔塔旗下的其他子公司也纷纷来中国寻找发展机会。

为了帮助集团旗下的子公司在中国市场拓展，塔塔于 2006 年 8 月在北京设立了集团办事机构。在该机构的帮助下，集团旗下的许多子公司开始在中国开展业务，从中国开展采购，在中国销售产品，以及将中国作为生产出口基地。

塔塔咨询服务有限公司（TCS）在中国拥有约 2 000 名员工，于 2007 年初在北京与微软及其他 3 家中国合作伙伴建立了合资公司，在北京、上海、杭州、天津和深圳有 5 个全球交付中心。

塔塔钢铁集团在中国有两家轧钢厂，并拥有相当规模的钢铁贸易业务。2006 年 12 月，塔塔耐火材料公司在辽宁省营口开办工厂。2007 年初，塔塔钢铁收购了英国康力斯集团（后更名为塔塔钢铁欧洲），该公司在中国市场也拥有大规模的贸易业务。

塔塔汽车零配件公司在南京建厂，为中国和海外的客户生产塑料部件。

2007 年 5 月，塔塔全球饮料公司（原塔塔茶叶公司）与中国浙江省茶叶进出口有限公司成立合资公司，生产和销售绿茶及绿茶提取物，以及其他高附加值的茶产品。

2008 年上半年，塔塔汽车收购了捷豹和陆虎。2011 年路虎和捷豹在中国的销售量分别是 36 087 辆和 5 976 辆，分别比上年同期增长 54% 和 123%。

塔塔电信服务公司向华为、中兴等电信设备制造商开展手机及通信设备的采购业务。

塔塔汽车与塔塔国际密切合作，加快在中国的汽车零部件采购业务。

铁肯姆国际货运代理（上海）有限公司于 2009 年 1 月在中国上海成立。其母公司印度 TM 国际货运代理有限公司由印度塔塔钢铁公司和德国 IQ Martrade 公司合资成立。

塔塔工程有限公司在上海成立代表办公室，为客户提供工程监理服务。

塔塔与中国的渊源已有 150 多年的历史。随着与中国合作关系的不断加深，塔塔也将通过一系列的战略措施来实现与中国共同发展的长期承诺。

二、外包服务

塔塔咨询服务有限公司是印度最大的单一软件服务出口商、印度第二大服务外包公司，也是亚洲最大的独立的软件和服务业公司和全球领先的 IT 服务、咨询和业务解决方案提供商。全球有 15 万员工，2010 年收入额为 60 亿美元。具有世界级交付能力，24 小时开展业务工作，87% 的项目都能按时高效完成。塔塔咨询服务有限公司由塔塔的软件工程师们于 1968 年创办，成立目的是为了通过信息技术有效解决印度工业中的管理问题。经过近 40 多年的发展，该公司已经成为印度软件业的旗舰，其投资重点为软件工程实践和标准、软件质量保证、软件项目管理、软件处理、软件工程技术研发等。塔塔咨询服务有限公司的主要业务包括为各类大中小型企业如金融银行业、保险业、电信业、交通、零售业、制造业和医药业等提供相应的软件和咨询服务。

在过去的几十年里，塔塔咨询服务有限公司发展很快，几乎每两年收入就翻一番。公司目前在全球有 100 多个分支机构，向 55 个国家提供软件服务。雇员超过 2 万名，客户数有近千名，向海内外政府、企业和其他机构提供 IT 和商业咨询服务。公司股价 2010 年 7 月 16 日上涨 6.6% 至 833.65 卢比（约合 17.92 美元），其市值达到 349 亿美元，从而自 2010 年 4 月份以来首次超过市值 340 亿美元的 Infosys，成为亚洲市值最高的软件公司。

2011 年 10 月 19 日，塔塔咨询服务有限公司（BSE：532540，NSE：TCS）在孟买宣布，在《新闻周刊》评选的全球绿色企业 500 强排行榜上，塔塔咨询服务有限公司位列第七。此外，它是亚洲排名最高的公司，在全球信息技术和服务公司类别中排名第二。

《新闻周刊》的全球绿色企业排行榜会评估每家公司的环境足迹、足迹管理和透明度。榜单聚焦来自美国及全球最大的上市公司，包含这些 500 强企业截至 2011 年 6 月的营业额（最近财年）、总市值以及员工总数。该榜单是首次由一个大型媒体机构发起的针对此领域的完整排名，自 2009 年起每年都公布。《新闻周刊》与两个顶尖的环保研究机构 Trucost 和 Sustainalytics 联手发布最全面的全球 500 强和美国 500 强榜单。该评估方法由可持续发展方面的专家咨询小组共同制定。

三、塔塔对我国服务外包企业的启示

尽管塔塔的成功并非印度民族企业发展的全貌，但至少代表了新生力量在一个发展中国家的崛起过程。值得思考的是，同为"金砖四国"之一的中国，却很难找到一个像塔塔这样的企业，原因究竟何在呢？

第一，塔塔已有一百多年历史，因此相对来说，中国企业的崛起时间实在太短。在相对短的时间里，经济环境发生了巨大变化，中国企业未能做好内部调整。

第二，在完成了专业化的发展阶段后，印度的行业管理政策值得中国借鉴：鼓励企业做大做专做强，之后立即走多元化发展道路。

第三，中国企业在战略思路清晰度和企业国际化、并购整合的战略执行力上还不到位。塔塔几乎每一步都是险棋，期间碰到很多困难，但是"多元化"一直是塔塔坚定不移的方向。同时，塔塔每次成功收购后，都会以最快的速度进行产业整合，这种执行力也是很多中国企业所不具备的。

第四，印度对于民族品牌文化的包容和坚守令世人刮目相看。塔塔收购外国公司后，对外来文化兼收并蓄的精神，值得中国企业管理者思考。这种管理文化，甚至已经为西方企业所吸收。

西方对印度的管理智慧非常重视：MBA不仅学习《孙子兵法》，也学习《薄伽梵歌》（印度教的重要经典与古印度的瑜伽典籍），从中学习奉献牺牲精神和一些崇高的品质，用宗教式的热情来从事管理。例如，百事可乐的总裁因德拉·努伊等诸多极具创意的大师，其思想的自由与规范程度达到极高层次的平衡，是对东西方文化理解、兼收并蓄达到巅峰。

第四章 印度的"安然"：萨蒂扬（Satyam）

第一节 Satyam 的简介

萨蒂扬软件技术有限公司（Satyam Soft Technologies Ltd.，以下简称萨蒂扬）是一家全球性信息技术咨询与服务供应商，它提供一系列的专业技术，旨在帮助客户策划与重新创造其业务，在不断变化的市场中竞争成功。

公司创始人兼董事长拉马林加·拉贾（Ramalinga Raju），1955 年出身于农民家庭，1987 年与他的兄弟等三人联手创办萨蒂扬。拉贾是印度软件界最具影响力的人物之一，他是最先发现并抓住"千年虫"商机的企业家之一，其发家之本，就是为全球范围内的电脑公司开发解决"千年虫"难题的软件产品。

在拉贾的领导下，萨蒂扬已发展成为印度销售额位居第四的 IT 服务外包企业，在其位于印度南部海德拉巴市的总部聘用了 53 000 人。许多跨国巨头都是其客户，包括联合利华、雀巢、思科、通用电气、卡特彼勒、索尼和日产汽车等，甚至连世界银行都使用了该公司的产品，这些企业都把最关键的数据和电脑系统交给其保管。

萨蒂扬在鼎盛时期曾经拥有 49 199 名技术高超的专业人员，在现场、非现场、离岸与近岸工作，为多个产业领域的公司提供量身定制的信息技术解决方案。萨蒂扬的理念与服务曾经导致了巨大的技术变革，满足了最严格的国际质量标准。位于印度、美国、英国、阿拉伯联合酋长国、加拿大、匈牙利、马来西亚、新加坡、中国、日本与澳大利亚的萨蒂扬开发中心为全球 469 家公司提供服务，其中 152 家为《财富》全球 500 强与《财富》美国 500 强企业。萨蒂扬是一家在 3 个国际证券交易所——孟买证券交易所、纽约证券交易所和泛欧证券交易所上市的企业，目前拥有员工 5.3 万人，业务遍及 66 个国家。《财富》500 强中逾 1/3 是它的客户。萨蒂扬甚至还负责有些客户的财会业务。萨蒂扬在六大洲 55 个国家、25 个时区设有办事处，在全世界 22 个城市设有开发中心。

在所有的驻华印度 IT 公司中，萨蒂扬具有最广泛的分布：在上海、大连和广州设立研发中心，在北京、香港和台湾设立销售处。在 2007 年 2 月 8 日，位于南京的全球解决方案中心启动。这个中心拥有 2 500 个座位，是萨蒂扬在印度以外最大的研发设施。所有的这些分支机构，使得萨蒂扬（中国）更有信心为欧美、日本、韩国和中国香港的客户提供更好的离岸、近岸服务。

萨蒂扬（中国）的 500 多名高素质的专业人士（96% 以上是中国本土员工）为在华的 140 多家跨国公司、合资公司及大型本土企业提供 3E 服务：企业解决方案、嵌入系统服务、工程服务。此外，萨蒂扬（中国）与世界领先技术供应商如微软、SAP、甲骨文、BEA、K2 等建立了合作联盟。

2009 年 1 月 7 日，公司创始人兼董事长拉马林加·拉贾宣布辞职。拉贾在辞职信中承认，公司过去几年间虚报现金和银行结余超过 700 亿卢比（约合 15 亿美元）。这是 20 世纪 90 年代以来印度最大的公司丑闻，被称为印度版的"安然事件"。

2009 年 1 月 9 日，印度警方以欺诈、伪造、妨碍公信等罪名将拉贾及其兄弟、前执行董事拉玛·拉贾逮捕，CFO 斯里尼瓦斯也被警方羁押。

为保持萨蒂扬的持续运营，印度政府专门成立了由 10 人组成的萨蒂扬善后委员会，并重组了萨蒂扬的董事会，直接任命了 3 名新董事。在印度历史上，由政府解散现任公司董事会并任命新董事会的举措前所未有。

2012 年 4 月，印度电信行业领先的解决方案和服务公司马恒达（Tech Mahindra）收购了萨蒂扬。印度软件服务外包业曾经的一颗灿烂而耀眼的明星就这样黯然陨落了！

第二节　Satyam 事件的影响

一、"真实"公司不真实

颇具讽刺意味的是，萨蒂扬的名称在梵文中是"真实"的意思，而恰恰是这样一家"真实"的公司，却对投资者撒了许多"真实的谎言"，爆出了印度自 20 世纪 90 年代以来最大的企业造假丑闻。

2009 年新年伊始，印度资本市场爆出惊天丑闻：印度软件服务外包领军企业萨蒂扬创始人兼董事长拉马林加·拉贾于 1 月 7 日宣布辞职。拉贾在辞职信中承认，公司过去几年间虚报现金和银行结余超过 700 亿卢比（约合 15 亿美元）。这是 20 世纪 90 年代以来印度最大的公司丑闻，被称为印度版的"安然事件"。消息爆出以后，受到财务丑闻拖累，萨蒂扬的股价 7 日暴跌 78%，报收 39.95 卢比。股市大盘也受到拖累，在当天周边股市全线大涨的情况下，印度孟买证交所基准 Sensex 指数下跌 7.3%，收于 9 586.88 点。该公司在纽约上市的美国存托凭证周三则暂停交易。

印度资本市场自 20 世纪 90 年代以来一直以稳健发展著称，其上市公司治理被西方媒体认为是新兴市场经济国家的典范。萨蒂扬丑闻引发了国际投资人对印度公司的信任危机，也引发人们深入思考印度公司治理存在的深层次问题。

爆出造假丑闻前，萨蒂扬对外发布的财务数据可谓"靓丽"：在截至 2008 年 3 月 31 日的财年中，销售额为 21 亿美元，利润为 4.275 5 亿美元，同比增幅高达 48% 和 35.5%。但令人难以置信的是，财务数据中有 94% 都是捏造的。据拉贾自述，萨蒂扬的实际利润率为 3%，而捏造的数字为 24%！

在向萨蒂扬董事会提交的自白信中，拉贾透露了他的造假手法。他称，最初公司的实际营运利润与账面上显示的数据差距并不大，但随着公司规模的扩大和成本的上升，缺口越来越大。拉贾担心，如果公司被发现表现不佳，则可能会引发其他企业发起收购，进而导致财务漏洞曝光，因此他便想方设法隐瞒事实。

拉贾称，他用自己和其他支持者所持股票作抵押，在过去两年里为萨蒂扬总共筹集了 2.5 亿美元贷款。这些贷款并未在萨蒂扬的资产负债表中公布，而是直接注入萨蒂扬的账户，以帮助其弥补收入上的不足。在截至 2008 年 9 月 30 日的财季中，萨蒂扬的实际销售额为 4.34 亿美元，但公司公布的是 5.55 亿美元；公布的利润是 1.36 亿美元，实际利润为 1 250 万美元；公布可用现金为 11 亿美元，实际是 6 600 万美元。

2009 年 1 月 9 日，印度警方以欺诈、伪造、妨碍公信等罪名将拉贾及其兄弟、前执行董事拉玛·拉贾逮捕，CFO 斯里尼瓦斯也被警方羁押。同时，印度、美国的证券监管机构也在调查该案更为深入的细节问题。

丑闻爆出后，世界银行（World Bank）立即禁止萨蒂扬在 8 年内与其进行业务往来，这是客户对一家大型印度外包公司所做出的最严厉的处罚之一。

为保持萨蒂扬的持续运营，印度政府专门成立了由 10 人组成的萨蒂扬善后委员会，并重组了萨蒂扬的董事会，直接任命了 3 名新董事。在印度历史上，由政府解散现任公司董事会并任命新董事会的举措前所未有。2009 年 2 月 5 日，萨蒂扬宣布任命穆尔蒂为 CEO；公司已获得约 1.3 亿美元的资金支持，这些款项将直接用于资金周转。

印度证监会主席巴夫在造假丑闻曝光后接受媒体采访时称，萨蒂扬披露的造假规模"大得惊人"。印度证监会已下令，对萨蒂扬股票交易展开调查。业内人士称，政府可能把此案移交负责调查严重欺诈案的机构处理。

在印度具有相当影响力的行业组织印度工业联合会在第一时间发表声明称，有必要立即检查导致这种错误发生的监管、会计、审计和公司治理方面的漏洞，并紧急加以解决。

萨蒂扬丑闻也引发了外界对印度企业界公司治理和会计标准的担忧，尤其是考虑到萨蒂扬是由"国际四大会计师事务所"之一的普华永道做的审计。普华永道表示，正在审查拉贾的声明，拒绝做出进一步评论。

印度业界担心，萨蒂扬事件的影响可能不仅限于这家公司自身，更可能引发国际投资人对印度投资的热情和对印度科技产业的信任。印度已经将科技外包行业作为进军经济强国的突破口，但萨蒂扬丑闻的披露，可能打击那些把最关键的数据和电脑系统交给印度外包公司的数百家《财富》500 强企业，并损害印度的商业声誉。

另有分析人士指出，这桩印度史上最大企业会计丑闻致使投资者重审印度企业管理和政府监管体系。该欺诈案的披露可能引发印度久负盛名的服务外包行业的一次大"地震"，将严重影响萨蒂扬与客户之间的业务，短期内萨蒂扬的许多客户将流向竞争对手那里。

瑞士信贷的战略师奈尔什·亚沙尼指出，在投资者眼中，印度公司的风险溢价将会增加。新德里 Taurus 资产管理公司的古普塔指出，该欺诈案对印度的整个公司管理体系提出了质疑。金英证券公司的高级副总裁吉格·沙阿认为，萨蒂扬的股票不会有未来。该案类似于美国的安然欺诈案，事情并不会到此为止，将会有更多的公司卷进来，海外对印度的投资很可能也将受到影响。

二、丑闻撞响了警钟

当年孟买恐怖袭击，让人担心位于印度的离岸运营的物理安全和人身安全，但不会让人对数据保护产生强烈反应。而萨蒂扬董事长拉贾在财务资料上造假超过 10 亿美元的丑闻，则实实在在地让企业 CIO 和决策者们感到担忧："一个连财务都可以造假的上市公司，还有什么是它不敢做的呢？"

萨蒂扬是印度软件服务外包业第四大公司，它的财务造假是印度史上最大的企业会计丑闻，被称为印度版的"安然事件"。其董事长可以拍拍屁股挂冠而去，但真正的恐慌则留给了那些把最关键的数据和电脑系统交给它的企业。纵使萨蒂扬的领导团队接连声明，确保一如既往地为客户提供服务。但丑闻下的承诺，又有多大可信度呢？这就如同我们家里请的保姆，忽然有一天承认偷偷拿了雇主的大量财物，即使她一再保证能做好家务，照顾好孩子，恐怕雇主也不会放心地再把孩子交给这个保姆了。遇到这样的纠纷，雇主第一反应是要通过法律手段，保证自己的财产安全。

同样的道理，当企业把自己的数据提供给外包服务公司时，一定要问法律能在多大限度范围内保证自己的数据安全？在欧洲，数据保护被当作是一种基本人权。早在1970 年，欧盟就通过了《数据保护指令》，旨在保护欧盟成员国的个人数据安全。对公司数据安全保障更有借鉴意义的当属美国的"安全港"制度。从 2000 年 11 月 1 日起，美国公司可以签字加入"安全港"，这个加入过程要经过严格的审查程序：首先，要看公司是否有资格加入"安全港"；其次，一旦加入"安全港"后，公司要确认应当采取什么办法和机制来解决纠纷。

"安全港"肯定不是仙丹，但是，当公司进行数据转移时，它的确是一种有用的工具，为公司提供了必要的法律基础。当印度软件服务外包业一再重申萨蒂扬丑闻只是孤立事件时，却没有更深层次地意识到，丑闻事件和"安全港"的距离有多远？在人们为印度软件服务外包业因丑闻遭受重创而扼腕叹息的时候，是否有人思考过，印度软件服务外包业之所以脆弱的根本原因是什么？

萨蒂扬丑闻之后，其同类公司如 Wipro、TCS 和 Cognizant 将难以说服 CIO 们再投入数百万美元与印度签订任何形式的新的软件服务外包合同。在金融危机的大环境下，印度萨蒂扬丑闻也给我国软件服务外包业敲响了警钟：要想促使一个产业健康正常的发展，一定要有相应健全的法律法规加以保护，否则就会和印度软件服务外包业一样陷入尴尬境地。

第三节　Satyam 的审计

全球经济潮涨潮落。自麦道夫诈骗案被曝光后，人们发现退潮时的裸泳者不光是玩弄庞氏骗局的投资公司，还有拥有众多实体经济客户的著名高科技企业。

一、萨蒂扬丑闻案情介绍

1. 事件浮出水面

自 2006 年开始，拉贾用自己和其他投资者所持的股票作抵押，向银行贷款以填补公司收入。在过去两年里为萨蒂扬总共筹集 2.5 亿美元贷款，而这些贷款并未在萨蒂扬的资产负债表中公布，而是直接注入萨蒂扬的账户，以帮助其弥补收入上的不足。这些贷款主要是基于各种担保获得的，是为了确保萨蒂扬能够继续运营。2008 年 12 月 17 日，拉贾试图将其儿子名下的两家公司以高价 16 亿美元 "出售" 给萨蒂扬，用以充当萨蒂扬的 "虚拟资产"，但计划因被泄露而夭折。由于此次失败，公司 4 名董事突然辞职，公司在孟买证券交易所的股价创 16 年来最大跌幅。

在萨蒂扬发表最初公告之后，美林公司以企业管理问题为由调低了萨蒂扬的股票投资评级，将其评级降为 "跑输大盘"。此后破绽如同被点燃的鞭炮，噼里啪啦炸开了。

2008 年 12 月 23 日，世界银行宣布，由于萨蒂扬涉嫌向世界银行工作人员赠送了 "不适当利益"，萨蒂扬没有资格参加 8 年内的竞标。

金融危机爆发后，拉贾手中所持股票价值大跌，这导致公司收入不足。随后银行开始拍卖拉贾的抵押品……一顿闷头乱棍后，拉贾被彻底打蒙，其执掌的萨蒂扬巨大的财务漏洞浮出水面。

2009 年 1 月 7 日，萨蒂扬创始人兼主席拉贾当天向董事会提交的一封辞职信称，他在过去数年中虚报公司的债务与债权，最终随着公司规模的急剧扩大而达到 "难以维持的比例"。他承认，该公司长期以来进行财务数据造假，通过虚增收入、低报负债，虚造 10 亿美元收入。该消息一时间造成印度股票市场震荡，对于有意投资印度的全球投资者的信心产生重大打击。受到财务丑闻拖累，萨蒂扬的股价 7 日暴跌 78%，报收 39.95 卢比。股市大盘也受到拖累，在当天周边股市全线大涨的情况下，孟买证交所基准 Sensex 指数下跌 7.3%，收于 9 586.88 点。该公司在纽约上市的美国存托凭证周三则暂停交易。8 日，印度股市因假期休市。

2009 年 11 月 27 日，印度中央调查局称萨蒂扬的会计欺诈案目前预估的涉案金额为 25.8 亿美元，远高于该局此前所预测的 15.3 亿美元。

2. 造假揭秘，骑虎难下

拉贾在信中称："每一步都为了保持车轮继续运转，以保证按时支付员工工资。"拉贾坦称第一次"作案"是为了弥平一次受损严重的难看季报，但是此后"骑虎难下，以至于不收手才能保证自己无事"。《印度快报》没有具体说明"第一次作案"发生在什么时候，但是据拉贾承认，"那是很多年前的事情了"。在拉贾向萨蒂扬董事会提交的一封 5 页的自白信中，他透露了他的造假手法。据他称，最初公司的实际营运利润与账面上显示的数据差距并不大，但随着公司规模的扩大和成本的上升，缺口也越来越大。拉贾担心，如果公司被发现表现不佳，则可能会引发其他企业发起收购，进而导致这一缺口曝光，因此他便想方设法隐瞒事实。

（1）拉贾称，他用自己和其他支持者所持股票作抵押，在过去两年里为萨蒂扬总共筹集了 2.5 亿美元贷款。这些贷款并未在萨蒂扬的资产负债表中公布，主要是基于各种担保获得的，是为了确保萨蒂扬能够继续运营。

（2）萨蒂扬的前高管以及部分前审计人员伪造了客户身份，并以这些伪造客户的姓名开出了虚假发票，从而将该公司的营收夸大了 9 217 万美元左右。该局称，基于夸大的营收数据，萨蒂扬已经发放了价值约合 4 930 万美元的股息。萨蒂扬还在收购商业程序外包公司 Nipuna 时伪造了价值高达约合 3 858 万美元的银行账户。

（3）随着公司财富缩水，财务欺骗也越来越难以隐瞒。拉贾在 2009 年 1 月 7 日辞职信中公开承认，他向投资者虚报了 10 亿美元。他夸大了过去几年的公司利润和债权规模，少报了公司负债。事情最终发展到无法收场的地步，他自己也是骑虎难下，最终不得不主动引咎辞职。拉贾在信中说，在截至 9 月 30 日的财季中，虚报现金与银行存款达到实际数额的近 10 倍，并低报了负债，虚增债权 5 倍多。同时，该季度公司虚报利润为 1.36 亿美元，超过实际利润 10 倍。萨蒂扬的实际销售额为 4.34 亿美元，但公司公布的数据是 5.55 亿美元。萨蒂扬公布的利润是 1.36 亿美元，但实际利润只有 1 250 万美元。拉贾说，该公司还公布可用现金为 11 亿美元，但实际只有 6 600 万美元。不过拉贾坚持认为，他并未因虚增业绩而获得财务利益。

3. 萨蒂扬如何隐瞒造假

从表面上看，身为纽约上市公司的萨蒂扬所做的一切都是按章办事，又有国际知名的会计师事务所普华永道审计其账目并依据印度和美国的会计准则出具审计意见，还有独立董事的会计师事务所审计其账目。独立董事的人数符合法规要求，其中包括一名哈佛大学商学院的教授和一名前任联邦内阁大臣。且这些独立董事均有优秀的职业背景，拉贾在他那份著名的 5 页辞职信中概述了财务舞弊，并表示董事会其他成员（无论是前任还是现任）均未能察觉到财务方面的异常情况。对此，监管机构未能防备，而分析人士及专家则认为会计和审计实务存在"系统性缺陷"。公司账目上 94% 的现金（约 10 亿美元）都是虚构的，拉贾认为巧妙地操纵现金流可能是舞弊未被发现的原因所在。来自伦敦的来宝集团（Noble Group）的分析人士 Saurabh Mukherjea 指出："公司往往通过操纵损益表来实施舞弊，但是现金流则是'圣杯'（传说耶稣在死前的

'最后晚餐'中用过,是基督教圣物,此处比喻为真实性),无法篡改。如果有现金流支持,那么审计人员通常会认定业务活动是正常的。但是这中间却存在大量的会计和监管漏洞。"股东和独立董事不愿意质问公司的创始人,印度历来缺乏"质疑文化"。

二、普华永道遭遇信任危机

1. 普华永道为自己辩护

萨蒂扬事件曝光之后,所有人的眼光都投向了为萨蒂扬做审计事务的普华永道会计师事务所。一时间,普华永道处在了风口浪尖之上,其首席执行官萨姆·迪皮亚扎(Sam DiPiazza)声称普华永道及其印度分公司也是受害者。迪皮亚扎表示:"据我们所知,这起大规模欺诈事件是萨蒂扬公司管理层所为。我们和其他人一样都是受害者。我们的合伙人显然受到了误导。"2009年4月普华永道会计师事务所印度成员所的两名审计师 S. Gopalakrishnan 和 Srinivas Talluri 因萨蒂扬公司会计舞弊案而受到指控,而普华永道印度成员所对于该所审计师遭受指控表示了惊讶和失望。在一份声明中,该所表示:"拉马林加·拉贾及其同伙所进行的会计舞弊是经过精心设计的,并实现了其绕过审计程序的目的。负责萨蒂扬审计业务的两名合伙人以及普华永道印度成员所都是此案的受害者。"2009年1月7日拉贾承认欺诈之后,普华永道立即以电子邮件形式发表了标准的防御性公关声明,"普华永道印度分公司的审计工作完全符合适当的审计标准,并且有恰当的会计证据予以证明。相反,萨蒂扬董事长表示,自己人为捏造了超过10亿美元的现金余额,并夸大了公司的应计利息、利润和应收账款"。普华永道也仅仅就萨蒂扬事件做出一份公开声明。

2. 普华永道是如何让萨蒂扬事件发生的?

这个问题有四个可能的答案,但没有一个是好事:①普华永道印度分公司的审计技巧和质量标准是无能和失职的典型表现;②普华永道印度分公司的合伙人与萨蒂扬管理层合谋;③普华永道印度分公司的合伙人是"傻子";④以上三项中的两项或全部。

对于"普华永道印度分公司是如何让萨蒂扬事件发生的?"这个难题,SEC 和美国公众公司会计监督委员会(PCAOB)似乎已经认定答案①。SEC 和 PCAOB 言之凿凿地强调,普华永道印度分公司基本上"没有进行审计"。美国证券交易法第 10A(a)条规定,每次审计都必须执行旨在为发现那些对会计报表数据有直接和实质性影响的非法行为提供合理保证的程序。普华永道印度分公司违反了美国证券交易法第 10A(a)条规定。

监管机构强调称,多年来对萨蒂扬的审计工作充斥着失职和质量管理失败,它们发生于普华永道印度分公司整个审计工作的各个阶段。此外,从总体上讲,普华永道印度分公司的审计工作没有采取职业怀疑态度。这种态度是审计诚信的基石,也是投资者的合理期望。

在欺诈行为曝光后,负责萨蒂扬公司审计事务的普华永道印度分公司工作团队成员表示，他们没有执行确认程序，而是在很大程度上依赖于萨蒂扬自己的陈述，因为他们相信萨蒂扬的前首席执行官和高管诚实可靠，未曾怀疑该公司假造了审计文件……没有遵守 PCAOB 的几条标准，包括 AU § 230.07（应有的职业审慎要求审计人员采取职业怀疑态度。这种态度包括质疑的思维方式和对审计证据的批判性评价）和 AU § 230.09（在采取职业怀疑态度时，审计人员不应该因为相信管理层诚实可靠而满足于缺乏说服力的证据）。

事件结束于 2011 年 4 月 5 日，普华永道就萨蒂扬事件与 SEC 达成和解。根据和解协议，普华永道印度分公司应向 SEC 和 PCAOB 会计监管机构美国上市会计监督委员会分别支付 600 万美元和 150 万美元罚金。SEC 和 PCAOB 或许认为，他们所提出的培训、再培训、质量保证、复查和监督要求，对普华永道印度分公司和普华永道旗下其他各子公司而言既费钱又费力。在普华永道印度分公司所受到的惩罚中，包括在今后 6 个月内不得直接或者通过普华永道其他分公司间接接收美国上市公司新客户。另外，据《纽约时报》报道，在 2009 年初萨蒂扬会计丑闻爆出之后，普华永道宣布对其印度成员所的组织架构进行重大调整，具体举措包括：成立了一个 5 人顾问委员会；任命新的风险管理主管；组建新的审计团队；更换了印度成员所的管理层。

在和解协议中，普华永道印度分公司既未承认也未否认美国监管机构的调查结果。这些和解协议仅适用于美国监管机构对萨蒂扬的调查。SEC 和 PCAOB 都没有发现普华永道印度分公司或者其专业人员故意做出不当行为或者参与萨蒂扬管理层的欺诈行为。和解协议不仅表明，美国监管机构就萨蒂扬事件对普华永道印度分公司进行的调查已经结束，而且还是普华永道印度分公司摆脱萨蒂扬事件的积极一步和重要里程碑。

3. 本不该发生的审计失败

（1）普华永道忽略了若干财务预警信号。

据《金融时报》报道称：在 2008 年春天，美国上市公司会计监管委员会官员视察了普华永道印度分公司后，美国审计监管机构就对普华永道印度分公司对萨蒂扬的审计工作提出过质疑。但是由于负责萨蒂扬软件技术有限公司财务审计的普华永道，数年以来一直对萨蒂扬的财务结果签字认可，并未发现该公司创始人兼董事长的造假行为，因此会计师事务所并没有引起重视。与其他同行相比，公司公布的数据非常漂亮。在截至 2008 年 3 月 31 日的财年中，萨蒂扬公布的销售额为 21 亿美元，利润为 4.275 5 亿美元。这相当于当年的收入和利润分别较上年增长了 48% 和 35.5%。

（2）显失审慎的注册会计师。

诚如 SEC 和 PCAOB 所言，普华永道印度分公司的审计工作没有采取职业怀疑态度。这种态度是审计诚信的基石，也是投资者的合理期望。在欺诈行为曝光后，负责萨蒂扬审计事务的普华永道印度分公司工作团队成员表示，他们没有执行确认程序，而是在很大程度上依赖于萨蒂扬自己的陈述，因为他们相信萨蒂扬的前首席执行官和高管诚实可靠，未曾怀疑该公司假造了审计文件……负责萨蒂扬审计工作的普华永道印度分公司合伙人和员工未能坚持执行有关现金、现金等价物余额和萨蒂扬应收账款的确认程序。未能适当执行第三方确认程序导致萨蒂扬的欺诈行为直到其原首席执行官在 2009 年 1 月公开承认的时候才被发觉。未能执行确认程序并不仅限于对萨蒂扬的审计工作，更说明了普华永道印度分公司质量控制的失败。在相关时期，普华永道印度分公司的质量控制系统未能发现公司的各个工作团队通常都不对审计客户执行现金收支确认程序，并且很少质疑他们从客户那里收到的确认答复的真实性。尽管每年都进行质量检查，但普华永道印度分公司直到 2009 年 1 月才发现这种失职行为。由于没有遵守 PCAOB 的标准，普华永道印度分公司发布的萨蒂扬审计报告并不准确。结果，普华永道印度分公司的失职行为成为萨蒂扬财务造假的帮凶。

三、萨蒂扬审计失败的原因

1. 社会经济背景方面的原因

（1）次贷危机蔓延。

2008 年，金融海啸席卷整个欧美，印度软件服务外包业也被迅速殃及。据印度国家软件协会估计，印度 IT 产业 40% 的年盈利来自全球金融服务商，其外包产品的 61% 的市场在美国，30% 的市场在欧洲，印度服务外包业自然成了金融海啸的重灾区。到 2009 年 1 月，印度信息产业服务外包业务的整体盈利能力下降了 6%。于是，经济形势的持续走低使萨蒂扬的财务粉饰再难维持，拉贾只能选择自首来结束公司的尴尬局面，次贷危机的蔓延成为使萨蒂扬案件浮出水面的直接原因。

（2）社会监管不力。

印度对上市公司信息披露的规定还很不完善，一些重要信息披露要求的缺失给企业的风险操作提供了机会。萨蒂扬案件发生后，印度证券交易委员会强制实施了新的信息披露要求，上市公司也纷纷公开了一些以前没有公布过的信息。随着各家公司披露消息的增加，人们发现，其实印度的一些大型集团已将它们在上市公司的大量股权抵押给银行，而萨蒂扬事件之所以得以曝光，就是因为拉贾在暗地里将其家族手中约 8% 的股份抵押给银行，而在该公司股价随全球市场一起暴跌之时，银行出售了这些股份。在目前印度公司的市值大幅下降的情况下，这种股权抵押状况引发了人们对印度公司隐性债务的担忧。

2. 企业内部管理方面的原因

（1）"质疑文化"的缺失。

印度企业多属家族企业，具有家族企业的优势，也难逃家族控制与家族管理的弊端。家族企业多靠创始人白手起家，打拼出整个企业，所以在企业中难免会对富有传奇色彩的创始人存在一定程度的"个人崇拜"。拉贾出身于农民家庭，通过个人努力，得以出国留学镀金。1987 年，拉贾与哥哥回家乡联手创办了萨蒂扬，并因为最先发现并抓住"千年虫"商机而迅速发家。在拉贾的领导下，萨蒂扬迅速发展成为印度销售额第四的软件服务外包企业。萨蒂扬的发家史在一定程度上可以说是拉贾的奋斗史，所以他在公司内部的地位可想而知。正因如此，公司的股东不会质疑拉贾的管理，这种信任为财务舞弊的操作提供了机会。

（2）增长压力驱动。

作为印度经济自由化和快速发展的典范，印度信息技术工业紧密迎合了西方公司软件服务外包的需求，在强大的科技人才库、丰富廉价的劳动力资源、便利的语言条件以及政府强有力的政策支持下迅速增长。但是，经过10多年的高速发展，印度软件服务外包行业在缔造了本土IT产业崛起神话的同时，也埋下了诸多隐患。其中，劳动力成本上升、国外竞争者大量涌入以及国内市场需求不足也为产业带来了沉重的压力。劳动力成本上升的后果尤为严重：其一，劳动力成本持续走高，但是接包价格却没能随之提高，导致印度外包企业的利润率逐年下降；其二，日益上升的成本压力迫使企业抬高接包价格，这使印度的传统市场会被其他竞争者蚕食，新市场的开拓方面也不再具备绝对优势。在之前高增长的压力下，萨蒂扬不得不通过财务舞弊"保持"其增长趋势，而这种舞弊在次贷危机中最终再难掩盖。

（3）治理结构不完善。

从表面上看，萨蒂扬所做的一切都是按章办事，独立董事的人数符合法规要求，且这些独立董事均有优秀的职业背景，但他们未能发挥独立董事应尽的作用。几年以前，印度公司法对独立董事的设置提出了明确的要求，很多经验丰富的管理者都在大公司内抢占独立董事的位置。到后来，有些德高望重的绅士摇身一变，也都变成了职业的独立董事。于是，独立董事的设置最终形同虚设。家族企业的弊端使内部治理无法发挥制衡作用。决策的独断性是许多家族企业初期成功的重要保证，许多企业家就是果敢善断抓住了一两次稍纵即逝的机会而成功的。但是随着企业的发展和外部环境的变迁，投资的风险越来越大，创始人的决策一旦出现问题就会给整个企业带来毁灭性的灾难。

3.注册会计师方面的原因

（1）人员素质不达标。

自2002年起，普华永道加速了其亚洲市场业务的拓展，其间还曾全面接收了破产的安达信会计师事务所的员工及各成员所。可令人担忧的是，人员素质并未跟上扩张脚步。通常来说，在类似普华永道这样的会计师事务所，需要三到五年才能将一个刚刚大学毕业的新人培养成为一个可以直接负责为客户提供会计服务的高级经理。但是，日益繁忙的审计业务迫使这个培养时间不断缩短，会计师事务所有时会要求经由快速通道招募而来的新人提供超出他们执业能力的服务。在亚洲，会计师事务所在各个级别上都缺乏合格的人才。审计人员所从事的工作经常会超出他们的能力范围，审计风险的上升不言而喻。并且，在诸如印度、马来西亚等亚洲地区开展业务时，需要执行全球会计标准。但是，当地的会计准则与全球会计标准往往大相径庭。繁忙的审计业务使得会计师事务所没有精力去仔细研究不同国家与地区的不同准则，成本上升的压力又进一步削减了这种精力。于是，审计工作的潜在风险大幅上升。

（2）经济效益和社会责任失衡。

注册会计师的委托人是社会公众，公众的信任是其存在的基础。所以，在追求利润的企业目的和恪尽职守的社会责任之间，会计师事务所要寻求到一个平衡点。重视社会责任而忽视盈利会使会计师事务所难以生存，但是过度追求经济利益而置社会责任于不顾又会导致审计失败案件频发，最终影响到公众对行业的期望与信任，使整个行业失去存在的基础。

普华永道在审计行业内拥有较高的声望，这种声望在其拓展全球业务的过程中发挥了不小的作用。对于那些想上市的公司来说，有了普华永道的审计，就等于拿到了上市之路的通行证。因此，上市的诱惑使许多公司不惜血本聘请普华永道为其上市担当审计。蜂拥而至的审计业务使普华永道加快了全球扩张的脚步，扩张所采取的方式是在各个国家吸收当地的事务所。这种方式在使普华永道快速地把会计师事务所的分布拓展到不同国家的不同地区的同时，也为日后埋下了隐患。业务的快速扩张和当地会计师事务所的不断加盟，使普华永道对各个会计师事务所的监管显得力不从心。这种监管力度的下降最终会影响到审计质量，加大审计风险。这种无控制扩张反映了其对社会责任感的淡化，最终也会影响到其经济利益的实现。

（3）独立性缺失。

非审计服务和审计业务是否兼容，这个问题从20世纪60年代就开始争论了。2002年的"安然事件"导致美国证券交易委员会对审计师的独立性提出了更为严苛的规定，随后出台的萨班斯法案强调了审计师的独立性要求，并规定核心审计必须与总体咨询业务相分离。不过，萨班斯法案在执行中却遇到了很多限制，最终不得不打开了会计师事务所可以在税务及公司财务领域通过提供商业建议收取服务费用的一扇小门。这一扇小门成为会计师事务所的增收渠道，也成为影响会计师执业风险的重大隐患。

第四节 Satyam 事件对我国服务外包企业的启示

一、丑闻背后的公司治理问题

萨蒂扬事件折射出一些印度家族管理的上市公司治理上存在的严重问题：

家族控制和家族化管理流弊重重。在孟买 Sensex 指数成分股中，超过一半由强大的家族企业所有或掌控。大量的家族企业长期以来一直难以摆脱用人唯亲、管理欠佳、董事会低效以及缺乏透明度等顽疾。在顺风顺水的景气时期，家族企业在决策效率、业务开拓方面有独到的优势，但一旦经济环境恶化，家族企业的实际控制人往往罔顾法律，铤而走险。

上市公司信息披露存在严重漏洞。在印度，信息披露关注的焦点主要集中在上市公司自身，而对于上市公司的控股股东和实际控制人则没有太多的强制披露要求。在家族管理模式下，控股股东和上市公司之间存在大量的关联交易，许多关联交易风险巨大，对上市公司业绩乃至证券市场具有至关重要的影响。其中最为普遍的是，控股股东用自身的股份质押以获取流动贷款。在萨蒂扬事件之后，印度证券交易委员会出台新政，要求印度企业的控股股东在以股份质押借款时必须履行信息披露义务，同时每三个月要持续披露股份质押情况。

中介机构参与公司治理不力。先进的公司治理体系，不仅包括股东、高管等内部人，还应涵盖中介机构、债权人、交易对手等"利益相关者"。这些利益相关者从自身利益角度出发，对上市公司履行某种监督责任。尤其是作为财务监督者的会计和审计机构，对萨蒂扬事件的演变和爆发负有不可推卸的责任。担任萨蒂扬财报审计的是名闻天下的普华永道会计师事务所，他们对如此明显的财务造假居然毫无察觉，显然负有失察、失职之责。

二、他山之石的印度公司治理

当然，单一的萨蒂扬事件不能说明所有的印度上市公司在治理上都存在问题，印度的少数精英公司在治理和规范性运作上的确走在发展中国家的前列。法国里昂信贷银行亚洲证券公司 2000 年对 25 个新兴市场的调查数据显示，印度企业的管理水平名列第 6 位，中国为第 19 位。印度上市公司治理总得分为 6.6 分，中国为 4.3 分。印度软件业人士也认为，萨蒂扬事件可能只是偶发的"老鼠屎"，不能反映印度上市公司的整体治理水平。印度公司的治理水平尤其是国际化上市公司的治理水平不乏可圈可点之处，值得我国借鉴。

高标准、严要求的公司治理规范。1998 年印度以 OECD 公司治理准则为模本，制定了《最佳公司治理准则》，其对上市公司治理的要求基本上达到了西方发达国家的水平。这样的发展水平很大程度上应归因于印度资本市场发展的长期性，印度资本市场的历史最早可以追溯到 1875 年孟买证券交易所的成立。如今的印度资本市场无论在市场结构还是运作效率上都达到了国际水平，成为国际资本市场的重要组成部分。

与国际接轨的治理体系。随着近年印度大公司国际化步伐的加快，印度迫切需要建立一套与国际惯例接轨的公司治理体系。在印度证券监管机构（SEBI）的努力下，这套治理体系已基本成形，基本达到了国际标准。如在独立董事要求方面，SEBI 规定，如果董事会主席不是公司的高级管理人员，董事会中必须有三分之一的成员是独立董事；如果董事会主席是公司的高级管理人员，董事会中必须有半数成员是独立董事。

科学规范的审计和治理评价体系。印度自 2006 年 1 月 1 日起，要求上市公司全面实行新公司治理标准，并建立了严格的审计机制；要求上市公司组建专门的审计委员会，由 CEO 和 CFO 对内部会计控制的有效性委托专业机构进行风险评估与鉴定。同时，印度一些证券交易所也建立了公司治理评价体系，通过问卷调查、专家评价等形式公示上市公司的治理评价结果。

宽严有度的公司治理环境。印度虽隶属英美法系，但其成文法的制定相当缜密，体现了较高的立法水平。对于公司治理涉及的基本问题，在其法律体系中都能找到法律依据，其法制的统一性和透明度也相当高。在会计制度上，印度已经适用了国际通用的会计准则，信息披露的透明度也相当高。对于违反公司治理强制规定的违法行为，印度的司法机关和证券监管机关处置迅速，制裁有力，这一点从此次萨蒂扬事件中官方的善后处理和违法惩戒的快速有力中可见一斑。

三、萨蒂扬审计案件带来的启示

1. 注册会计师应保持应有的职业审慎和职业怀疑态度

保持高度的职业审慎，能够帮助注册会计师敏锐地发现问题，捕捉错弊的蛛丝马迹，提高审计效率，使审计工作事半功倍。相反，如果未能保持应有的职业审慎，即使按部就班地执行了所有既定的审计程序，审计依然是没有效率甚至是没有效果的，审计质量也无从谈起。在这一点上，安永和已经倒下的安达信都是前车之鉴。在与被审计单位"斗智斗勇"的博弈过程中，职业审慎始终是注册会计师赖以生存的基本法则。

2. 加强审计执业能力是关键

加强职业道德和执业能力是注册会计师事务所和注册会计师的职责，只有具备专业胜任能力并在审计工作中保持独立性、保持职业怀疑和应有的谨慎，审计工作才能顺利开展。虽然事务所与被审计单位之间是监督与被监督的关系，但是这种监督由于委托付费关系的同时存在，变得不再那么纯粹。在存在经济利益依赖的情况下，事务所的独立性本身就存在威胁。因此，审计人员只有通过保持较高的职业素养和职业道德才能保证实质上的独立，同时通过严格遵守审计准则中对独立性的规定来保持形式上的独立，才能使独立性不落于空。非审计业务也是影响独立性的重要原因。现实中，一些事务所在为同一客户提供审计业务的同时也提供非审计业务，而且非审计业务的收入高出审计业务收入。这种审计与咨询业务的兼容存在，容易使审计人员放松警惕，影响到对应有的职业审慎的保持。另外，随着审计任期的延长，注册会计师与被审计单位的沟通不断增多，关系自然越来越密切。在审计工作中，应避免这种情感因素导致的注册会计师的执业水平和执业质量下降。

3. 提升公司治理和管理水平是基础

完善公司的治理结构、形成优良的企业文化、建立有效的内部控制是公司管理层的责任。只有当制度与文化相互作用形成企业机制时，才能使公司在一个制度管人而不是人管制度的环境下运行，避免各类舞弊事件的发生。萨蒂扬最终走向舞弊正是公司制度和文化的缺陷所致。在发展中国家，很多家族小企业抓住了发展机会，在很短的时间内由名不见经传的小公司发展成国际知名上市公司，但是管理并未及时跟上扩张的脚步。完善公司治理就要设置符合人数要求的独立董事，并且真正发挥独立董事的监督作用，而不是流于形式。同时，要设置并完善内部审计委员会，审核公司的财务信息和内控制度，全面负责外部审计机构的聘请和更换等工作，这样才可以有效地减少信息不对称的情况，降低大股东机会主义行为发生的概率。

4. 完善会计监管机制是保障

在萨蒂扬案件中，印度政府的监管不力为拉贾的造假提供了可乘之机。印度政府在案件查处的同时，也应该反思自身存在的问题。政府及有关监管机构要根据新的业务发展趋势，根据经营决策的需要，及时修订会计信息披露制度。只有相关的法律法规、准则制度能与时俱进地得以完善，会计工作才能最大限度地避免人为操作，审计工作才能更有质量、更值得信赖。

四、萨蒂扬事件教会董事如何作为

频繁出现的公司财务丑闻让更多的人开始关注董事应该如何作为。为了避免公司出现财务造假，董事应该从根本上改变自己的工作方式，在职责权力、董事会结构、文化和思维方式等方面加强变革。只有这样，董事们才能在日益复杂化的商业环境中做到不辱使命。

董事的职责在于严格监督公司管理层做出的决策。然而全球范围内相继爆出的一些公司财务丑闻让人们不由得对董事们是否严格地履行了自己的职责心生质疑，并最终促使各国政府考虑全面彻查和完善关于公司治理的各项法律法规。

对于投资者来说，这是利好消息。比如：监管者制定了新的规章制度，来保障及时透明的金融信息披露；建立财务报告的问责制度；加大审计的监督职能，并确保审计的独立性；增强监管部门对于公司财务报表的监督检查；确保监管执行到位；针对违规行为采取更为灵活的补救机制等。上述种种举措，均旨在取信于投资者，让投资者明白，即便出现了治理上的问题，董事们也会积极行动，从中吸取经验教训。

新的监管政策和机制会给董事们带来更多的个人责任。过去，董事只需集中精力确保公司的所作所为符合规范程序就行了。公司的行为如果遵章合规，董事会成员履行其职责也会相对安稳。董事们大可以将管理失当的重大责任推卸给他人，如市场推广人员、经理人、银行家、咨询师甚至审计师。

如果仅仅确保公司的行为合乎规章制度就可以了，那就根本无须召开董事会。如今，董事的职责在于更加严格地监督管理层做出的决断。哪怕费尽千辛万苦，董事们也要确保公司做出的商业决策是明智的，能全面恰当地反映业务现状，符合商业环境。所以，核心问题便是：要达到这一目的，董事会需要做些什么？

我们认为，这将要求董事会从根本上改变工作方式。睿智的CEO与业务推广人员也希望董事会能够有所作为，因为一个称职的董事会不仅能够安慰顽固、守旧的股东和监事们，也能帮助管理层把握公司发展方向，防患于未然。

1. 职权界定

首先必须重新定义董事会的决策权力和职能。多年以前，著名经济学家尤金·法玛和摩立特集团的迈克尔·詹森一起合作，提出了一个描述董事会职能的框架。这一框架的基础建立在理解"代理成本"的固有特性之上，即现代企业之中，无论人们尝试什么样的合作，都会增加代理成本。如果经理人做出决策后并非由其自身承担完全的损失或收益，那么整个组织或团体便将面临风险。而且，追逐个人利益以及逃避责难的本能，相比渎职或欺诈更容易加剧风险。

当一个组织的内部控制行之有效时，针对某项决策的管理权与决策权是分离的。董事会应当掌握公司内高层的控制权，比如发起或实施某项决策、雇佣、评估、制定薪酬以及解聘高级管理人员、董事会成员或审计师等。同时董事会必须拥有权力来批准及督导其他重大决策的执行。例如，涉及公司基本战略方向改变的重大决策等。这意味着董事会主席不能同时担任 CEO，因为董事会主席的主要工作是制订董事会的工作计划，对高级管理层的雇佣、解聘、评估工作进行监督，其中任何一项 CEO 都不可能有效地进行自身评估。而这一方式的好处有两点：其一是不承担行政管理职责的董事会主席能制约那些自欺欺人、傲慢自大的高管们，防止他们做出有损企业价值的行为，如萨蒂扬明目张胆的造假行为；其二是出于工作负荷上的考量，避免了一人承担两职而导致工作量太大。

2. 结构变革

对于董事会的改革，从董事会结构、社会、心理、环境等几个层面来进行是十分必要的。目前大多数公司的董事均为 CEO 的雇员。CEO 承担董事会大部分的招募工作。除个别特殊情况，董事会成员力求取悦于 CEO，董事会开会而 CEO 缺席，或未经 CEO 明确许可私下召集开会等情况都极为少见。归根结底，除非涉及高度机密或情况极为特殊，董事会成员所获取的有关公司的所有信息都来源于 CEO。要想改革，就必须变革董事和 CEO 之间的权属关系，使得公司可以采取若干项实际措施来加强董事会商议过程当中的公平性。

对于上市公司而言，公司的审计部门以及薪酬委员会必须成为审计师和薪酬顾问真正的客户。这意味着将原本隶属于管理层的决策权以及相应的预算权力划拨给董事会。与此类似，原本总是精心设计却有敷衍、走过场之嫌的董事会"大戏"也必须改弦更张，由具备实际意义、定期展开对话的常规会议取而代之，整个高级管理团队都必须参加。私下，董事们也应该有机会与经理人就涉及公司战略的关键问题进行讨论、沟通。例如，针对某项可能的并购计划，董事们应当就具体交易环节提出问题，向管理层进行质询时不应该仅仅停留于探讨交易是否该进行，还要深入细致地探讨并购后可能出现的问题，以及如何防范等。

上市公司的董事会，就其评估 CEO 以及其他高级管理人员的职责而言，可以积极全面地展开评估工作。这不能随机而行，也不能通过私下对话进行，而应该按照严格的工作流程来展开。比如，应当建立一个提名委员会，CEO 作为该委员会的一员参与对董事的招募工作，以此避免 CEO 一人主导董事招募。

在中国，很多相同的原则已经被中国国有资产管理委员会（简称国资委）应用于管理国有企业了。国资委与 24 家国有企业一道致力于推广试点董事会项目，旨在推行良好的公司治理实践，其中就包括建立独立的董事会一项。良好的公司治理并不仅仅限于上市公司或私营公司（也包括非营利性组织），如今得益于国资委主导的试点董事会项目也将应用于中国的国有企业。

3. 思维更新

然而，就全球而言，除结构以及文化上的改变，理念上的改变也是十分必要的。董事会的思维模式也必须由审慎监督转变为不懈探究。这是一种态度，要求耳听八方、刨根问底、随时关注异常情况。如果一家公司的业务增长、利润率、资产回报率等增长异常，业绩表现大大超出专家们对于公司业务的预期，那么董事会不能掉以轻心、高枕无忧，而应该谨慎地进行调查。

　　董事们必须回答一个关于公司的基本问题：有什么显而易见的竞争优势使公司能够一直领跑于市场，在竞争中遥遥领先？可千万别自满地将原因总结为管理层"拉伸、拔高"了业绩目标从而刺激了业务增长，所以表现出色。董事会必须理解传统的预算步骤，意识到过分"拉伸"公司业绩目标常常是公司内部缺乏诚恳务实的态度的体现，无益于企业价值的提升。董事会必须发挥作用，促进变革来避免这些弊病。

　　董事还应打破单一思维，不再墨守成规地仅仅关注合规或透明度。所以，董事的作用不应仅限于提些可有可无的补充意见或挑选审计师。以往，董事会获得有关公司业务的数据与信息都是来源于 CEO，现在需要彻底改变这种做法，董事会要有自己掌握的其他途径来获取相关信息。董事会成员必须充分了解如下信息，比如：公司的核心竞争力在哪里？要从哪些战略维度来实现这种竞争力？推动公司价值创造的关键环节在哪里？并定期审视这些环节，而且每年用合适的尺度来衡量公司的表现。

　　最后一点，须知任何规章制度、惩戒威胁都离不开人的管理，离不开那些坚持原则并贯彻实施的董事们。诚实和正直决定了人们的作为和选择。如果一家公司不愿重蹈萨蒂扬的覆辙，那么上至董事会成员、下至普通员工，都应该深入思考自己该做什么样的选择。然而人类的行为却证明了，一旦事关重大，人们常常会弃原则于不顾，甚至采取明显违法的做法（欧美某些令人震惊的案例即是如此），或者采取打擦边球的做法。现在，公司董事们该谨慎考虑一下如何在公司治理过程中重建企业诚信了。要重建诚信，就必须坚持原则。董事们应该诚实直面那些难以回答但很关键的问题，还应杜绝互相维护、徇私舞弊等行为。

　　毫无疑问，立法者会通过颁布新的法律、发布新的规则来规范企业的行为，资本市场的走向将会为之一变。然而要重建整体的诚信是一个漫长的过程，只能通过脚踏实地，一步步、一级级、一环环地从某个董事或某个审计委员会开始，来逐步实现。这需要董事会或管理团队的成员都能秉持自身的原则、勇气和信念，敢于承担短期的代价，认真履行职责来维护企业名誉，这样才能真正为企业创造更大的价值。

第五章 创新的 IT 教育：印度国家信息学院（NIIT）

第一节 NIIT 的发展历程

一、NIIT 简介

印度国家信息学院（National Institute of Information Technology，以下简称 NIIT），1981 年成立于印度首都新德里。目前，NIIT 已成为全球最大的软件教育培训机构。同时，NIIT 也是一家中型的跨国软件企业，拥有近 8 000 人规模的服务外包软件开发团队与近 600 人规模的软件课程体系研发团队，傲居全球软件培训及信息技术领域的领导地位。至今，NIIT 在全球 44 个国家共设有 5 000 多家培训与教育中心，每年培训学员达数十万人次。其中大部分学员毕业后受聘于世界知名企业，如 IBM、Microsoft、SUN、HP、Tata、Infosys、Satyam、东软、宝信等。

NIIT 是一家知识型集团公司，与其他单一从事 IT 培训的厂商不同，它也是印度第二大 IT 服务公司和第三大软件出口商。NIIT 不仅通过 IT 服务和软件出口业务及时把握业界动态并反馈到课程研发、教学方法改进等领域，而且教育培训的改进成果和新产品能迅速在 IT 服务和软件业务中得到检验，从而促使三者高速发展。

具有"印度比尔·盖茨"之称的 NIIT 创始人、总裁维吉·塔塔尼·苏迦特·米卡博士，1952 年出生于印度，长期担任 NIIT 首席科学家及首席信息官，领导着 NIIT。他的主要学术研究方向是在认知科学、信息技术和 IT 教育领域，组织实施了印度数码多媒体和基于因特网教育的应用，因开发针对印度边远乡村儿童结合因特网学习 IT 技术的"墙洞实验"而闻名世界。米卡不仅是全球著名 IT 教育特使，也是全球 IT 业界的权威级人物。他摘取了"印度计算机科学院年度最佳论文奖"、获得全球知识论坛"最佳论文奖"和英国社会发明研究协会"最佳社会创新奖"、入围世界科技（教育）大奖最终候选人、被印度政府授予信息技术创新奖，他还在维也纳科技大学、联合印度期刊担任教职，是印度、美国、澳大利亚政府及其他机构的顾问以及全印教育技术协会的副主席、美国纽约科学院院士、美国社会计划协会成员及 IEEE 会员。

目前的 NIIT 包括两个机构：一个是 NIIT 有限公司，专注于培训与教育；另一个是 NIIT 技术，侧重于信息技术的解决方案。这两家公司分别在印度主要的证券交易所上市。截至 2013 年 3 月 31 日的财政年度，NIIT 有限公司和 NIIT 技术分别报告的年度收益为 3 亿美元和 4 亿美元。本章主要论述专注于培训与教育的 NIIT 有限公司。

NIIT 率先在印度计算机教育市场创建了一个全新的行业，并且将它带向了稳定和成熟。在早期，该公司的创始人意识到，印度快速增长的软件和服务行业将会带来对训练有素的人力资源的巨大需求，而且是一个国家的大学教育由于多种原因无法满足的需求。首先，虽然正式的学位课程可能注重计算机语言，但是这些课程并不能传授一些能够成为一个成功的 IT 专家必不可少的技能。其次，硬件和软件技术发展迅速，因此专业人员需要不断掌握最新的技术。最后，在绝对数量上，行业需求的增长将远超过正式的大学和教学系统可达到的规模增长的步伐。

自成立以来，NIIT 已经扩大了培训解决方案和服务范围，如今该公司将自己定义为一个全球性的人才开发公司，在 40 个国家为 4 种不同的细分市场提供服务，不仅包括印度、中国还包括美国，以及许多亚洲、非洲和其他大洲的国家。为不同的细分市场服务的 4 个业务单元是：

（1）个人学习的解决方案。

目标客户是个人，目的在于培养或提升他们的就业能力。为个人提供学习解决方案的机会大部分是在新兴市场。

（2）企业学习的解决方案。

目标客户是企业，目的在于定制学习解决方案和管理培训服务。为企业提供学习方案的机会大部分是在发达市场。

（3）学校学习的解决方案。

目标客户是学校系统和私立学校，目的在于提供多媒体教学内容以及教师培训。为学校提供学习解决方案的机会横跨了新兴市场与发达市场。

（4）技能培养的解决方案。

此为 NIIT 最新的业务，目的在于帮助印度政府将数百万没有技能的年轻人转变为在 IT、多媒体和娱乐、零售业、酒店，以及医疗保健等行业容易就业的专业人员。

多年来，NIIT 不仅在印度，还在许多其他的国家获得了认可。例如，2013 年品牌信任报告将印度 NIIT 评为印度最值得信任的教育品牌。越南 NIIT 已经连续几年从越南胡志明市计算机行业协会获得了 ICT 金牌。而美国的 NIIT 在 2012 年《现代人力资源外包》杂志评出的客户满意度最高的 13 个提供培训的企业中，名列第二。

作为其在学习内容和方法上不断创新的一部分，NIIT 最近推出了首个基于云的校园，因为它具有更低的成本，拥有更大的灵活性和可扩展性，NIIT 的云校园有望能在下一阶段使公司获得全球性的增长。

二、NIIT 的国际化发展历程

1. 从发展阶段来划分

NIIT 国际化发展历程具有很强的典型性，绝大多数印度软件企业拓展海外市场时都经历了相似的过程。

NIIT 国际化发展历程可以分为三个阶段：

第一阶段：软件服务外包的初级孕育阶段。

20 世纪 90 年代初，北美、西欧等发达国家开始把本国非核心的软件业辅助型业务委托给印度等国的公司，从而创造出一种新的市场需求——项目外包。项目外包可以降低软件项目的开发成本，也有利于发包企业集中力量进行核心技术的开发。这些国家的软件开发商将产品制造、IT 服务、人力资源管理、金融、保险、会计服务等多个领域的少量服务工作外包，NIIT 作为承包商只是从事软件程序和文档的本地化翻译工作。它是一种加工贸易和贴牌生产（OEM），即由国外企业提供品牌或原材料，由印度企业进行加工，交出产品，赚取加工费。主要做法有两种：一是 NIIT 外派工程师，驻扎在国外客户处完成任务，称为"现场服务"（Onsite Development）；二是软件程序在印度开发完成后再传送至客户处进行测试、安装，称为"离岸开发"（Offshore Development）。OEM 模式不涉及开拓市场，不承担产品销售风险，是企业进入国际市场的重要方式。从事 OEM 的企业，可以利用国外企业尤其是跨国公司的品牌和网络资源出口产品。面对软件服务外包业务迅速兴起的市场机遇，NIIT 开始认真权衡是否进入这个有着巨大增长潜力的市场。NIIT 的计算机培训业务经过近 10 年的发展已经在印度市场占据较大份额，计算机培训业务的市场增长率开始放缓，公司需要寻找新的业务增长点。NIIT 在印度的计算机培训中心培养了大量计算机人才，这些人才均熟练掌握编程技术并具有一定的项目开发能力，为 NIIT 进入软件外包市场储备了大量人才。

NIIT 在从事计算机培训业务的过程中也与众多企业客户保持了密切的业务往来，对于企业客户的需求和 IT 系统部署实施的要求有比较深刻的理解。虽然 NIIT 过去与国际客户接触较少，不具备国际市场经验，但由于英语是印度的官方语言，其与欧美客户交往并不存在语言障碍。同时，印度的法律、金融制度也与英美体系有着很好的对应关系。基于上述判断，NIIT 管理层果断决定从事软件开发业务，开始承接软件外包订单。一开始 NIIT 只能接到一些经过两层甚至三层转包的订单。随着 NIIT 承接国际外包订单的经验越来越丰富，NIIT 开始寻求与跨国公司直接联系，作为跨国公司软件外包订单的总承包商。但直接承接外包订单存在一些障碍，其中最值得注意的是跨国公司对于项目开发质量的苛刻要求和对项目交付期限的严格限制。这些外包订单往往附有严厉的罚则，如果质量不过关或者错过交付时间，就不得不面临巨额罚款，而罚款严重侵蚀项目利润。严峻的形势逼迫 NIIT 重视项目质量管理，完善项目流程设计。NIIT 先后通过的 ISO 9001 和 SEI-CMM5 级的认证，取得了国外客户的信任。

NIIT 的软件出口业务在这个阶段迅速发展，平均每年的出口收入增长率超过 48%。

第二阶段：软件服务外包的中期扩展阶段。

21 世纪以来，随着全球经济快速发展和产业的升级更替，欧美发达国家需要把部分服务业务转移到低成本的发展中国家。比如，软件开发商把软件编码、软件测试、软件本地化交给外包服务承接商。较第一阶段市场需求而言，这一阶段的软件外包向印度软件承包商提出了更高的技术和管理要求。NIIT 敏锐地观察到了市场的变化，一方面加强了与国际软件巨头，例如与微软、SUN、Oracle 等公司的合作，深化与软件研发相关的理论知识；另一方面加快提升软件产业工程化水平，采用软件工厂的流水线式的大规模开发模式，创造出领先的竞争优势。

同时，NIIT 还创造性地发明了"Duo-shore"开发和"Near-shore"服务相结合的模式。这样的话，一方面，有专门的团队常驻客户，了解客户需求，如在客户附近设立服务中心，提供尽可能贴近客户的售后服务，包括软件安装、技术人员培训、后期的系统升级等；另一方面，在印度的开发团队能负责完成具体项目的开发。此外，这个阶段 NIIT 陆续在欧美等市场设立子公司，服务当地客户，开发当地市场。同时，2000年的"千年虫"病毒问题为 NIIT 提供了巨大的发展机遇。为了解决"千年虫"的病毒问题，几乎所有的企业都不得不升级自己的系统，加大对信息系统的投入。NIIT 及时抓住机遇，为行业客户提供完整的问题解决方案。

第三阶段：软件服务外包的高级完善发展阶段。

在这一阶段，NIIT 不但作为软件外包的服务承接商，同时力争提供全面的商业解决方案和相应的咨询服务。NIIT 与软件开发商共同承担责任，深入了解企业主的外包策略、商业文化和企业文化，协助软件开发商整合其内部资源。

正是在第三个阶段的发展过程中，NIIT 全面走向国际化。在软件开发商对印度外包服务承接商提出更高要求的同时，其他参与软件外包承接的国家也加入软件外包承接的竞争中。但此时 NIIT 已经做好准备从离岸外包目的地向知识处理外包目的地的转型。由此可见，国际市场需求的变化有力地推动了 NIIT 向高附加值业务领域迈进。

从价值链的角度来看，NIIT 国际化发展过程也就是 NIIT 不断向价值链高端前进，赢取更大利润空间的过程。在软件产业，价值链最底层的环节就是专业代工（Body Shopping），即把本国的程序员派到客户所在地提供服务，这种方式收入增长潜力最小；第二层是类似于专业代工的现场开发合同（Onsite Contracts）；第三层是离岸开发合同（Offshore Contracts），这种合同的利润相对较高；第四层就是按产品分类的服务（Productized Services）；最高层就是产品（Products），这个层次利润最高。软件产业的附加价值链如图 5-1 所示。

图 5-1　软件产业的附加价值链

NIIT 乃至印度的软件产业是从专业代工编程服务发展起来的，距软件产业附加价值链的顶端还有相当的距离。目前，NIIT 的软件开发总产值中只有 10% 的产品属于自主知识产权产品，而其余 90% 都属于集成类或代人加工类软件。所谓软件外包就是国外公司谈好的软件订单，然后转交给印度的软件企业去开发。这个订单可能已经被转包了好几次，在每一次转包的过程中，利润都被削去了很大一部分。

另外，如果我们从技术含金量来看这个价值链（如图 5-2 所示），可以看出，印度企业也努力在技术上向价值链高端发展，努力掌握自主知识产权，加大对研究和开发的投入，鼓励创新。

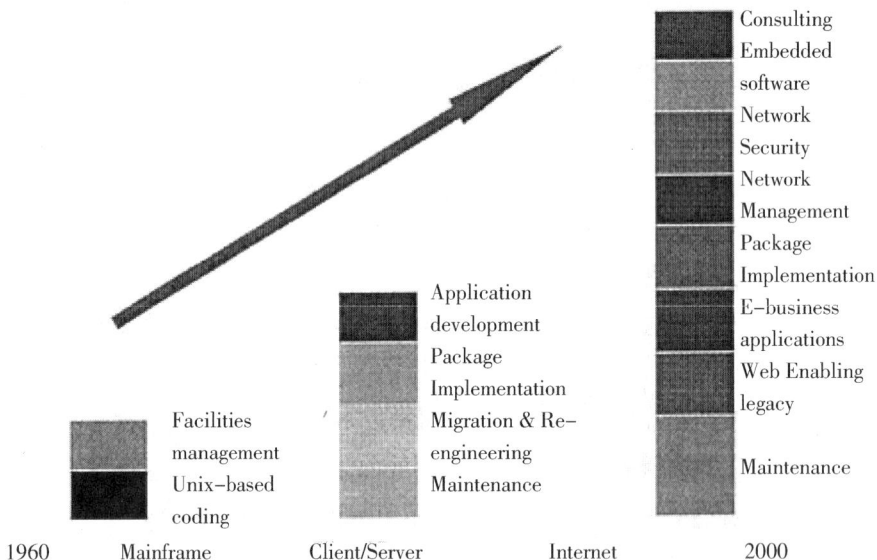

图 5-2　基于技术的价值链

NIIT 也在这一过程中努力向价值链的上游前进，提高自己的利润率。为此，一方面，通过与跨国软件巨头结盟，及时引进吸收最新的开发平台和技术；另一方面，通过在发达国家市场并购一些具有丰富行业项目开发经验的小型技术公司，巩固自己的技术力量，增加行业经验，提高市场占有率。

2. NIIT 大事记

1981 年 12 月 2 日，NIIT 成立于印度首都新德里。

1982 年，NIIT 逐步在全球各大城市建立教育中心，并在教育行业推出多媒体技术和企业培训课程。

1992 年，IT 教育软件通过 ISO 9001 标准认证，成功上市并获得 IPO 资格。

1995 年，在 4 个国家推出微软视窗培训课程，成为微软最佳培训合作伙伴。

1997 年，在上海设立教育中心，全球教育中心数量达到 500 家。

2000 年，成为亚洲唯一进入"IDC 全球最佳培训公司"前 15 强（第 2 名）；"知识解决方案商务"成为全球第一个达到 SEI-CMM5 级的内容开发商。

2002 年，收购美国的 Osprey 公司和 DEI & Click2learn 公司。

2004 年，问题解决方案业务加入 N 技术中；在中国创建"NIIT 嵌入"模式，与高校进行创新合作；中国教育中心达 100 个。

2006 年，收购 Element K 公司，成为世界最大的 E-learning Content Library。

2007 年，NIIT Uniqua，Centre for Process Excellence 与 Genpact 联合推出 BPO 培训课程体系；净收入达到 25 亿美元；在全球 38 个国家设立 4 600 所教育培训中心。

2008 年，NIIT 在无锡、大连、重庆投资设立服务外包软件学院，助推中国服务外包产业发展。

2009 年，国家商务部扶持、无锡市政府投资，NIIT 在无锡（国家）软件园设立中国联合总部，成为全国最大的服务外包人才实训基地。

第二节　NIIT 的核心竞争力

印度软件产业的迅猛发展主要得益于 NIIT 这样典型的职业化软件教育机构，而 NIIT 的发展则源于企业特有的核心竞争力。

一、强大的研发队伍

NIIT 拥有课程研发中心，有近 600 人的研发队伍，包含教育专家、心理专家、业界技术专家、企业管理专家和学校的教师。这支队伍的主要任务是研究课程、开发课程、设计课程，形成教育产品。NIIT 开创一种全新的软件人才培养模式，不仅能紧跟信息技术的发展步伐，保证学员学到最新的业界知识；而且弥补学校信息技术类专业教材相对陈旧、知识结构滞后、课程设计目标不够明确、偏重理论而实践不足、与职业距离偏远的缺陷。针对高等（技术）院校，对 IT 专业学生而言，NIIT 采用通过将 GNIIT 课程取代现有专业的计算机课程，将其先进的课程整体嵌入到学历教育中的策略；而对非 IT 专业学生，则采取学校原有课程和 GNIIT 并行推进、有机结合的做法。NIIT 通过这种校企合作培养技术全面、实践能力强，具备一定的综合软件职业素质的人才。

NIIT 的教育、多媒体、软件开发业务都通过了 ISO 9001 国际质量管理体系的认证。在软件能力成熟度模型（CMM）方面获得美国卡内基·梅隆大学的 SEI-CMM5 级证书，在知识内容开发方面也是全球唯一一家获得 SEI-CMM5 级证书的软件公司。

二、利用雄厚的软件开发实力提供最前沿的教学内容

NIIT 在软件开发领域雄厚的实力，保证了 NIIT 的培训课程能够紧紧跟随行业内最

新的变化与需求去设计课程内容，因为提供软件解决方案需要对 IT 行业具有前瞻性，从中获得的信息可以被用到教育培训方面。NIIT 开发了 300 多种课程教材或课件。从教学内容来说，NIIT 从来不自己推断哪些内容应该放在教材里，而是从业界寻找需求的方向，以及流行的技术趋势，然后把这些内容映射到教材中。NIIT 的课程开发团队每天都在调研，所以它的教材和方法可以定期更新和推进，紧随 IT 的迅速发展而逐步完善。

NIIT 的课程设置以接近实际工作环境的软件工厂模型为基础，每节课学员都可以上机实践以充分理解并掌握所学知识，打破"少动手"传统的教学模式。课程设置主要培养知识和技能，要求具备的主要能力是"做"，而不是系统掌握理论知识。强调人才培养必须跟上技术发展，教材内容与国际最新软件发展趋势接轨，及时更新。在教学方面，强调实践，从做开始，学员一入学便要做项目，遇到问题再去求解理论，让学员在完成项目的过程中掌握技术。

三、独创新颖的教学方法——MCLA

NIIT 软件职业教育推行一种基于榜样的学习方法（MCLA），它不仅是达到预期教学目标的有力保障，而且使得学员在掌握了最前沿的技术的同时，进一步提升自我学习与解决实际问题的能力。MCLA 教学通常要经过 4 个阶段：

（1）专家引导。

为学员提供帮助的专家主要进行技术知识的传递、解决问题技巧示范、特定实例的列举等。当专家在用系统的方法完成各项任务、解决问题时，学员在一旁观察。设计示范是为了使新手直接学习专家的知识。

（2）引导实践。

学员在已获得的知识的基础上，解决一个类似的或更复杂的问题。这样做的目的是可以将学到的概念立即付诸应用，从而得到巩固。

（3）引导探索。

这一步是学员运用所学知识准备工作的一部分，学员将通过查找各种相关信息（从图书馆或互联网中获得所需的技术参考资料）来辅助解答更新的问题，有助于提高在技术探索方面的技能，并使其成为一种"根深蒂固"的习惯。在瞬息万变的 IT 工业界，探索和吸取新知识的能力对于保持最新的技能、自信、判断力都至关重要。

（4）独立实践。

这一阶段，学员已能自信地实施并验证自己的解答。这一机会是通过对问题的独立实践获得，独立实践的完成使学员在产生极大信心的同时，获得独立解决下一个问题的能力。MCLA 学习方法与其他大多数的学习方法不同，这种学习方法为学生提供了接触专家在实际生活环境模型中解决问题的机会，通过"学习—实践—提高"的循环过程，学员不仅可以更快、更深入地理解和掌握课程的内容、相应的知识，掌握该知识在解决问题中的实际应用，而且独立解决实际问题的能力也能得到培养和训练。专家言传身教的指导作用在很大程度上提高了教学效率，学员不仅能跟随专家尽快掌握知识，也能在专家示范的过程中学习到相应的规范、对问题的标准分析、问题的解决步骤等，一举两得，事半功倍。

四、标准化的课程设置，确保全球教学效果的一致性

NIIT 教育产品的最大特色之一就是课程设置的标准化，他们认为"如果你到一个餐馆吃饭，菜的好坏取决于厨师还是其他因素？如果是中餐馆可能厨师的因素很重要。但如果是麦当劳这样的快餐，那么，不管是在哪里，食物的味道都一样。通过这种标准化的努力，让厨师的作用变得不再重要。NIIT 培训也是类似情况，不论是在印度还是在国外的某个培训中心，不管是哪位教师，我们要求学生学到的东西是一样的，这样可以很好地控制学生学什么和怎么学，同时也可以避免教师的主观因素对教学效果的影响"。NIIT 一直强调按照市场需求进行培训的重要性，按需定制课程。在软件行业，技术只是一部分，培养国际化的软件人员并不是教几个技术就可以了，流程的标准化和对技术的理解同等重要。

五、经过严格甄选和培训的师资队伍

NIIT 的师资都经过特别的甄选，独特的教学理念配合强大的师资力量才能达到最好的教学效果。所有教师都应将 NIIT 独到的理念与人性化的教学方法进行有效的贯彻。教师必须是经过严格培训的并取得授权资格证书的专职教师，所有教师都应具有丰富的项目经验、很强的动手能力以及为企业服务的经验。

NIIT 认为教学之中有三个环节非常重要，那就是教学内容、教学方法和师生之间的互动。虽然在教学内容和教学方法两个方面教师发挥的余地不大，但在互动方面教师需要发挥极大的主动性让学生更好地理解教学内容，教师在整个教学过程中的重要作用体现于此。无论在 NIIT 中心，还是国外的某个培训点，很普遍的现象是学生素质有高有低，而教师的作用就是如何使进步快的学生更有学习动力，让落后一点的学生尽快赶上来。

六、独有的专业实习机会

NIIT 的专业实践是根据美国麻省理工学院的见习模式演变而成。专业实践有两个学期，共一年时间。实习期间学生被安排到软件公司进行全职的实习，将所学理论、技能在实际工作中发挥与提高，在实际工作中得到检验和锻炼，并为就业提供选择。

第三节　NIIT 的战略决策

一、国际化战略的外部环境分析

NIIT 国际化的外因可以分为：国际市场环境因素和国内市场环境因素。

1. 国际市场环境因素

（1）政治经济因素。

20 世纪 70 年代以来，在国际政治经济领域最明显的特征是：全球一体化的发展，或者称作全球化（Globalization）。根据弗里德曼（Tom Friedman）在《雷克萨斯和橄榄树》（*The Lexus and the Olive tree*）中的观点，"全球化是市场、资本、国家和技术等方面的前所未有的无情的整合过程，它使得个人、企业、国家能够比以前更快、更深、更远、更便利地达到世界任何角落。这个过程也会对那些被新的政治经济体系所抛弃的个人、企业或国家产生巨大冲击"。弗里德曼认为世界正在发生以下巨变：国际关系由朋友和敌人演变为竞争者关系，由东西方的对抗演变为南北经济发展的差异，由第一世界与第三世界的区别演变为快速发展和慢速发展的区别，由团体主义（Communitarianism）向个人主义（Individualism）转变两个相对应的哲学和世界。世界正在形成：①Lexus 哲学：聚焦于新技术，追求更快、更好、更便宜的产品，崇尚竞争。资本在市场中扮演了核心作用，不同国家的消费者的偏好逐渐国际化，世界经济一体化要求开放市场。②Olive tree 哲学：重视传统文化根基，强调家庭价值观，尊崇传统，重视家庭和朋友。国际关系以国家为核心，是国家主义的表现，认为集体利益高于个人利益，带有明显的群落主义。从经济学的角度来看，全球化是指由跨国公司进行的货物或服务在世界范围的生产和营销。全球化包含下述要素：跨国公司的兴起，对外直接投资和国际贸易；国家间的相互联系和相互依赖。从更全面的角度看，全球化是政治、文化、技术变迁同时发生的复杂的相互关联的过程。

全球化的驱动力量有：①贸易和投资壁垒的降低；②超国家组织的建立：世界贸易组织（WTO）、国际货币基金组织（IMF）、世界银行（World Bank）；③技术的飞速发展：信息的沟通以及货物的运输更迅速，成本更低；④知识和技术的快速传播；⑤电子商务（E-commerce）；⑥原材料和产品的流动性；⑦全球市场开始形成；⑧国际金融和资本市场的发展；⑨跨国公司全球网络的扩张；⑩更多的国家融入世界经济体系。

此外，各国在国际组织或区域性组织的推动下，纷纷大幅度降低关税壁垒，解除外汇金融管制，促进国际资本的自由流动。其中，欧盟是在推动区域经济一体化方面最为成功的区域性组织。在欧盟内部，使用统一的货币，欧盟的央行统一制定货币政策。欧盟内部没有关税，资本、技术和劳动力可以自由流动，初步形成了统一的欧盟大市场。同时，其他很多地区，如北美自由贸易区、亚太经合组织也都在努力建立区域市场。

（2）技术因素。

信息技术的革命大大促进了信息知识低成本甚至零成本的流动，信息和知识以前所未有的速度扩散。互联网的发展把世界编织在一起，世界正在变成"地球村"。知识的创新速度明显加快，产品的生命周期正在逐渐缩短。消费者的口味和偏好正在发生迅速而深刻的变化。

（3）社会法律因素。

民族国家兴起并成为国家的主要形式，同时民主法制观念（虽然对其具体含义，不同国家和地区有不同的认识）深入世界各国人民心中，成为普遍的价值观。人们对不同文化、不同生活方式的包容性越来越强。对外国人和外来移民越来越多的国家采取欢迎态度，认为他们可以促进本国的经济建设，并尊重他们的传统习惯。

很多国家对外资企业实行国民待遇，在税收政策、土地使用、融资贷款方面与国内企业一视同仁。

2. 国内市场环境因素

在分析印度国内市场因素时，我们主要探讨以下问题：印度软件产业发展的外部环境因素；政府的软件产业政策对印度软件产业发展及其国际化的影响。

印度软件产业所处的外部环境具有不稳定性、复杂性等特点。其中，印度软件产业发展起决定性作用的因素分别是产业政策因素、人才因素、技术因素和资本因素。

（1）产业政策因素。

①制定并完善前瞻性的科技发展纲领和产业发展战略。

1985 年，拉·甘地出任印度总理，提出了"用电子革命把印度带入 21 世纪"的口号。1986 年，印度政府制定了"计算机软件出口、软件发展和培训的政策"，并在之后陆续推出了一系列放宽进出口许可证发放、降低软件和硬件进口关税，为进口软件和硬件提供外汇等优惠政策。1998 年 3 月，瓦杰帕伊政府在制定第九个五年计划的同时，还由技术信息预测评估委员会编制了一项"2020 年科技远景发展规划"，以期在2020 年使印度成为世界第四大经济大国，实现软件和信息技术出口 500 亿美元的目标。在印度政府历年来推行的软件产业政策的推动下，印度的软件产业呈现出良性发展态势，年均增长率达到 42.35%，对 GDP 的贡献约为 2%，成为印度国民经济发展的重要推动器。

②制定优惠的税收、贷款和投资政策。

1986 年印度政府颁布鼓励发展计算机的优惠政策，如提供资金、组织人员培训、简化投资和进口的手续、减免国内货物税等，对软件企业实行 10 年免税。20 世纪 90年代，印度经济走向全面的自由化和全球化，政府进一步推出"零赋税"政策，对外资、内资、合资的软件公司完全一视同仁，对出口的软件全部免税，对生产软件产品（包括出售技术和提供咨询服务）不征收流转税，对出口产品获得的利润免征所得税，并对软件和服务公司的银行贷款实行"优先权"。1998 年，政府设立 IT 风险投资基金，由小企业发展银行管理。1999 年，制定的电信政策规定，允许私人投资涉足电信市场，特别是国内国际长途电话业务向私人资本开放等。此外，印度地方政府也都制定了自主的支持 IT 业发展的优惠政策。

③制订软件科技园建设规划。

在印度政府为软件企业发展制订的众多战略规划中，软件科技园建设规划是最成功的。软件园区采取集中投资、集中建设，在园区建立一套完整的技术创新体系、服务体系和市场体系，并配之以一套优惠的产业政策，使软件园在研发引进新软件技术、创新开发软件新产品、加速软件成果转化等方面具有典型的带动作用。自 1991 年在著名的科技中心班加罗尔建立全国第一个计算机软件技术园区开始，由南到北推进，迄今已建成 20 多个软件科技园区，形成了全国的软件技术网络，区内企业超过 5 500 家。

④积极推行电子政务。

在全国的信息产业市场分布中，政府以 28% 的比例高居榜首，银行和金融业占 16%、运输业占 13%、电信业和制造业各占 12%。在 2001—2002 年度，印度耗资 8.9 亿美元用于电子化政府的实施。

（2）人才因素。

印度全国有 250 多所高校、1 500 所科研机构和 10 428 所高等职业教育学院，每年约培养 20 万工程技术类人才。2000 年，印度政府正式任命由人力资源开发部长负责的特别小组，专门指导信息技术人力资源开发工作。

2002 年，印度开始实施"知识行动人才培养计划"，鼓励印度侨民回国创业。同时实施由 IT 培训部门、信息产业部联合组织的"IT 企业家人力资源开发培训计划"，鼓励软件企业培养企业家和科技人才。

支持人才出国发展，回国服务。印度政府对人才外流有一种比较明智的看法，鼓励人才的自由流动。拉·甘地总理曾说：我们"把出国人才看作'智囊银行'，正在积聚利息，等待我们去提取。我们可以将其投资于印度的建设中"。在美国硅谷高科技公司工作的印度裔美国人 2002 年的收入达到 600 亿美元，这些人把赚来的钱投资于印度，投资规模平均每人每年 20 万美元。

印度软件产业的成功，人才无疑是第一大要素。目前，印度有 210 万技术工人，仅次于美国和俄罗斯。印度的软件人才有 35 万，并有 320 万专业人员服务于计算机软件公司。特别值得一提的是，印度软件人才往往精通英语，这一点是其他非英语国家难以望其项背的。

此外，印度还有良好的有利于软件人才成长的环境：

其一，除了正规的理工技术学院外，近 3 000 所中学和 400 所大专院校开设 7 种不同层次的电脑软硬件课程。以印度软件之都班加罗尔为例，除了 10 余家 20 世纪 50 年代就已经林林有名的科研院所、名牌大学，还有近 80 所小型工程技术学院，他们每年培养 3 万名软件工程师，其中 1/3 是各种软件人才。其二，大量私人资本和外资进入电脑软硬件教育市场。如 NIIT 在印度全国设立了 700 多家分校，培养了大量独具特色的软件人才。其三，海外印裔人口近 2 000 万，其中 3 000 余人属于各科技领域顶尖人才，他们大多分布在欧美国家，并主要集中在美国。近年来，许多海外印裔人口及外流人才将技术、资本、经营企业的经验和创新精神带回印度，从而有效地促进了印度软件产业的发展。印度软件人才中，也不乏顶尖的科技领军人才和成功的企业家。印度软件产业的成长得益于曾担任美国电机电子工程师学会主席、被尊称为"印度软件之父"的柯理和获得 1930 年诺贝尔物理学奖的拉曼教授。20 世纪 60 年代，柯理为几近锁国的印度引进了信息科技，使印度诞生了最初的软件产业；此后，柯理又凭借着自己对市场的敏锐，使印度软件业走出了国门。而拉曼则与他的同学、同事、学生、助手形成了一个"人才链"。在印度，以拉曼教授为代表的高科技人才链与海内外企业家结成了一个印度软件人才的科技网络。

（3）技术因素。

印度软件产业在软件技术资源上具有坚实的基础。尽管美国的系统软件和支撑软件在世界上形成了垄断性的优势，但印度软件开发人员在运用计算机语言开发应用软件方面具有较高的水平。据相关资料统计，60% 以上的软件公司已掌握并能运用当今世界最先进技术，如第四代语言（AGL）、图形用户界面（GUT），以及面向用户编程等。

印度软件产业在技术上的优势体现在其强大的项目管理能力和规范的质量保证体系上。目前，全球软件开发项目中只有 20% 左右能按计划完成，而对印度大型软件企业来说，其项目按合同完成率在 95% 以上。印度软件产业对生产流程进行严格管理并实行售后连续服务，这保证了软件产品的稳定性和可靠性。在印度，软件开发要做详尽的计划，实际编程时间则相对很少。此外，印度是世界上软件企业获得质量认证最多的国家。截至 2002 年 12 月，印度有 254 家软件和业务流程外包公司获得了 ISO 9000 质量标准认证，并有 48 家公司达到了 SEI-CMM 等级的最高级 5 级。

（4）资本因素。

印度软件企业具有良好的金融环境。除了吸收了大量跨国风险投资，主要政策性金融机构设立的软件产业风险投资基金也在为软件企业提供信贷支持。印度的风险投资是从 1986 年开始起步的，并在"七五"计划中按国际惯例建成了风险投资体制的初步框架。经过十几年的发展，印度已确立了以国外资金为主体，以软件产业为重要投向的国际化风险投资体系。1997 年亚洲金融风暴后，国际风险投资进入印度的速度猛增，1998 年为 1.5 亿美元，1999 年为 3.2 亿美元，2000 年则达到 10 亿美元。目前，印度政府设立了 10 亿卢比的基金支持金融风险资本，由"小型企业发展银行"管理，并放宽了软件出口企业通过国际融资收购国外软件企业的有关限制，使印度软件企业可以通过收购、兼并，进一步向集团化和跨国化方向发展。此外，印度政府还大力推动符合条件的软件企业公开上市集资。

二、NIIT "走出去" 的内因

根据资源基础论（Resource-based View），如果企业无法仿制或复制优势企业产生特殊能力的源泉，各企业之间效率差异状态将持续下去。企业的竞争优势是企业特有的难以仿制的资源。Werntefelt（1984）在美国的《战略管理杂志》上发表了《企业资源基础论》一文，他提出：与外部环境相比，公司内部环境具有更重要的意义，对企业创造市场优势具有决定作用；企业内部的组织能力、资源和知识的积累是解释企业获得超额收益、保持竞争优势的关键。

1. 企业家精神

NIIT 在 20 世纪 90 年代初开始国际化，当时还是一家中小型软件企业，NIIT 的创始人 Pawar 和 Thadani 均毕业于印度最为著名的理工科高等学府——印度理工学院（IIT），在那里他们接受了系统严格的科学工程方面的训练，对技术及技术的应用有着非常敏锐的观察力。NIIT 成立于 1981 年，到 20 世纪 90 年代初，已经有着 10 余年的国内运营经验，特别是高层管理人员的管理运营能力在国内市场已经得到验证。NIIT 的创始人 Pawar 有着深远的战略发展眼光，在公司内部，重要的战略规划无不出自 Pawar 之手，同时他善于把握机遇、敢于承担风险。NIIT 的另一位创始人 Thadani 则具有异常强的执行力，在把握大局的基础上关注细节，在落实企业的战略规划时雷厉风行。同时，他还富有演说家式的感染力和鼓动性，能够把 NIIT 组成一个团结的、坚强的、目标一致的团队。这两个创始人的经验、能力和战略眼光是 NIIT 成功国际化的根本保证。

2. 严格的质量管控

NIIT 积极参与各项质量标准的认证，希望通过严格的质量管理赢得客户的信赖。NIIT Technologies Limited 通过了 KPMG 的 ISO 9001：2000 质量认证；全球第 12 家软件企业，在软件开发方面被评为 SEI-CMM 最高级 5 级；全球第一家 IT 培训企业，在知识内容开发方面被评为 SEI-CMM 最高级 5 级；PCMM 五级水平；通过 BS7799 安全性标准；在泰国的主数据中心被评为 BSI 5000 标准。所有这些国际认证都向客户表明了 NIIT 软件开发和知识内容开发的水平。NIIT 对质量和标准化的严格要求满足了软件外包项目客户对此的严苛要求，并凭借这严格的质量管控赢得了大量海外订单。

3. 众多的人才优势

NIIT 的员工中 90% 以上为大学本科毕业，NIIT 的技术人员中 75% 为硕士以上水平。NIIT 的首席科学家 Sugata 先生更是印度软件领域的领军人物，被印度政府信息产业部授予 IT 创新奖。NIIT 还与印度理工学院（IIT）广泛开展科学研究方面的合作，借用著名科研院所的"外脑"加强企业的研究和开发能力。印度的软件人才成本较低，初级程序员的月工资在 400 美元左右，只有美国的 1/10 至 1/8，而他们所掌握的技能完全可以与美国的软件工程师媲美。印度的科技人才和管理人才大都可以熟练使用英语，在与欧美客户沟通时完全没有语言障碍，这也是欧美客户选择印度作为软件外包对象的重要原因。

4. 治理严谨、管理规范

NIIT 的治理结构采用国际通用的标准模式。作为上市公司，NIIT 信息披露充分、内部管理规范，运作有很强的透明性，这些都赢得了欧美客户的青睐。

以上这些源自企业内部的竞争优势，结合印度国内软件市场的狭小、发展空间有限、信息基础设施不完备、企业信息化水平不高等外部因素，NIIT 开始走上国际化发展之路。

三、国际化的战略选择

1. 目标市场的选择

NIIT 在进入国际市场时面临两种选择：要么首先进入发展中国家市场再进入发达国家市场，要么首先进入发达国家市场再进入发展中国家市场。在发展中国家中，情况又分为两大类：一类是新兴市场国家，如新加坡、韩国等。这些国家的软件产业刚刚起步，但发展十分迅速。同时，这些国家十分重视教育，国内的工程类人才比较丰富。另一类是起步中的发展中国家，如泰国、马来西亚、菲律宾等。这些国家人才匮乏，经济结构不合理。而欧美等发达国家，软件产业已经达到较高水平，一批实力雄厚的跨国软件企业已经形成，这些软件企业具有强大的研发实力和创新能力，管理规范。同时他们希望集中于高附加值的整体解决方案设计、咨询和软件新产品的开发上，希望对低端的编码工作进行外包，提高效率，降低成本。

NIIT 认为 NIIT 植根的印度文化中，英语是通用语言，与欧美国家的客户沟通不存在障碍；同时，由于印度承袭了英国的比较完整的市场体系，法律金融环境与欧美等国比较接近。这些都使 NIIT 与欧美客户具有很近的"心理距离"。因此，NIIT 首先选择为欧美的跨国企业提供外包服务，利于 NIIT 总结项目开发经验和积累行业知识。

在一些新兴市场国家如新加坡和韩国，当 NIIT 具备一定项目开发经验后，才尝试进入，利用印度人才低成本的优势向这些国家的客户提供软件解决方案。在经济刚刚起步的国家如泰国，软件行业市场仍处于萌芽状态，市场狭小，企业的购买力很低，对信息化的需求不强，而且这些国家教育落后，工程技术人才奇缺，现有的教育体系无法培养专门的软件人才。在这些国家，NIIT 首先开拓 IT 教育和培训业务，通过建立培训中心，帮助这些国家的教育机构提升软件教育水平，培养各层次的软件人才，而不急于在这些国家开拓软件开发业务。

2. 国际市场进入方式的选择

国际市场的进入方式（Entry Mode）有两大类，即投资式进入和贸易式进入。其中，投资式进入可以分为契约式进入和直接投资式进入，贸易式进入包括间接出口和直接出口两种形式。

契约式进入是指企业将自己所拥有的版权、专利、商标权、技术诀窍等知识产权，通过契约方式转让给外国企业使用，从而获得提成费、技术转让费或特许权使用费等。契约式进入比较灵活，包括许可协议、特许经营、战略合伙、管理合同、国际分包、交钥匙工程等多种方式。

直接投资式进入被定义为与股权和管理控制权密切相关的投资，并通过在国外建立生产性、销售性或服务性企业实现企业的经济目标。直接投资式进入包括三个基本方式：新建投资（Greenfield）、跨国兼并或收购（Cross-border M&A）和合资企业（Joint Venture）。NIIT 在进入海外市场时，根据企业自身所处的发展阶段，各个市场环境的特性，针对不同市场和不同时期采取了不同的市场进入方式。

20 世纪 90 年代初，NIIT 是以一种被动的方式进入国际市场，或者说并非 NIIT 主动寻求进入国际市场，而是欧美的软件开发企业为了集中资源进行核心技术的开发和降低开发成本开始把一些外围的简单的软件编码任务作为外包项目，发包给印度的软件企业。这时 NIIT 零星得到了一些外包项目订单。如果这些外包项目是软件开发企业直接发包给 NIIT 的，那么我们可以认为这是一种直接出口的模式；如果这个外包项目已经经过了层层转包，那么它近似于间接出口的模式。用国际化阶段理论来看，这个时期 NIIT 处于"前出口阶段"，接到一些零星的不规则的出口订单。

在接下来的几年中，来自欧美的项目外包订单迅速增加，NIIT 逐渐与国外的软件开发商建立起稳定的合作关系，出口订单迅速增加，NIIT 处于"积极投入阶段"，它积极寻找海外客户，承接外包订单。在这个阶段，NIIT 基本上摈弃了转包项目，直接与海外客户合作形成稳定的业务关系。

当海外业务规模越来越大，甚至超过国内业务收入时，NIIT 面临直接投资进入国际市场的选择，究竟是采取新建投资，自己成立海外子公司，还是进行跨国并购，还是与当地的合作伙伴合资？

在 NIIT 看来：第一，NIIT 在欧美国家特别是美英两国已经拥有一批稳定的客户群体，与 NIIT 形成了长期的合作关系；第二，NIIT 已经积累了一些国际经营的经验，对如何服务欧美客户具有深刻的理解，管理方式上也与国际客户接轨；第三，NIIT 的母国印度曾经历英国近 400 年的殖民统治，印度的法律体系、文化传统与英美国家接近，特别是英语是印度的第二官方语言，与客户沟通不存在障碍，从"心理距离"上讲，NIIT 与欧美市场比较接近。同时，英美都是发达的市场经济国家，保护外国投资的法律体系完善，政治经济风险较低。如果进行跨国并购，必将涉及复杂的法律和会计处理问题，同时也面临着并购后，两家公司如何有效地进行整合，达到 1 + 1 > 2 的效果。对此，NIIT 认为当时自己并不具备那样的能力，财务方面也会带来沉重的负担。

综合上述种种考虑，20 世纪 90 年代中期，NIIT 做出了在美国和英国设立全资子公司的决策。进入美国和英国市场后，NIIT 发现英国和美国的教育非常发达，而且教育部门非常重视信息技术的培养，小学到大学都开设了各种类型的信息技术课程。社会上对于个人软件培训的需求很小。另外，企业在大规模更新了自己的信息系统后，往往发现员工并不能熟练使用这些系统，从而无法使系统的效用最大化，提高劳动生产效率。很多企业迫切需要专业机构为本公司的员工量身定做信息技术知识的培训计划。NIIT 抓住了这个机会，在美国市场推出企业培训解决方案。同时，企业培训部门还与软件开发部门联合，在承接企业外包项目的同时为企业提供后期的技术培训。

随着海外子公司的建立和运营，NIIT 逐渐积累了在欧美市场运营的经验。但随着项目外包市场迅速发展，其他国家也开始重视这个市场，市场竞争的激烈程度在增加，外包项目的利润率在降低。为了寻找新的市场增长点，保持企业的利润率，NIIT 在 21 世纪初决定通过跨国并购的方式，掌握新的技术、资源、能力和市场。

NIIT 为此专门成立了并购团队，积极寻求兼并收购的机会。这个团队精心设计了一个并购计划"非有机式成长"（Inorganic Initiatives），该计划反对盲目的并购扩张，对被并购企业设定了严格的先决条件：

（1）在某一领域具有专门技术和一定的市场占有率。

（2）该领域与NIIT的业务领域是互相补充的，或者说是某个行业中的不同细分市场。

（3）被并购企业需具有专门的技术、市场营销人才。

在这些原则的指导下，NIIT在2002—2006年进行了大小共七次并购。所有被并购的企业都在欧美发达国家市场，例如，在2006年3月，NIIT Limited收购了美国最大的企业在线教育供应商Element K公司，合并后NIIT Limited成为全球第二大计算机培训机构。Element K此前一直专注于企业在线培训市场，在美国的市场占有率达到25%，它拥有成熟的管理团队、丰富的在线教育资源和较高的市场占有率。并购后，NIIT保留了Element K全部的管理团队，Element K仍作为一家独立运营的法人机构。但人们普遍认为NIIT将重组在美国的业务，以使得NIIT以前拥有的基于面授的计算机培训资源能够更好地与Element K的在线教育资源进行整合。另外，2006年，NIIT Technologies Limited并购了ROOM Solutions，这是一家位于英国的主要面向商业保险公司的行业解决方案供应商。此次并购将进一步巩固NIIT在商业保险行业的软件项目承包商地位，并增加在英国商业保险市场的努力。

3. 开拓新市场

在21世纪初，特别是"9·11"以后，欧美的软件产业发展进入低潮，各大公司纷纷削减用于信息技术的开支或推迟系统升级计划。欧美市场在趋于饱和的同时，软件项目外包市场的竞争越来越激烈，东欧一些国家也在努力打入欧盟市场，一些欧洲国家开始把项目外包给东欧。

在这种形式下，为了保持公司持续的增长率，NIIT把目光投向了亚太和中东市场。NIIT在2001年进入中国市场，在对中国市场的前期调研中，NIIT发现中国的软件产业仍处在发展阶段，软件企业规模普遍较小，软件开发没有统一的规范，但这个市场发展很快。但是，语言和文化上的巨大差异，使NIIT很难拿到中国的国内软件项目订单。

同时，NIIT也观察到中国的计算机教育还很不发达，高等院校中的计算机课程偏重理论，与实践相脱节。此外，高等院校数量有限，每年培养的人才无法满足市场的需求。市场上充斥着小型的培训机构，它们的课程不成体系，层次很低。

NIIT决定把培养软件工程师的GNIIT课程引进中国，通过在中国建立的全资子公司开拓中国计算机培训市场。为了实现迅速占领市场的目标，NIIT中国公司移植了在印度颇为成功的特许经营模式。但印度的特许经营模式是三方的合作关系：一方是NIIT，提供技术、课程、考试和证书，以及对课程的更新和教师的培训；一方是区域合作伙伴（NAP），该方类似于在某一个省内的区域代理，负责省内加盟培训中心的协调和市场工作；第三方是加盟培训中心（NLP），负责培训中心的运营、日常招生和教学工作。这种模式在短期内确实达到了迅速拓展市场的目的。

在短短一年时间里，NIIT在中国20个省建立了120多家培训中心。但NIIT在中国的业务失去了对质量的管理和控制，加盟中心的教学质量无法保证，中心内部管理混乱。当地区域合作伙伴往往缺乏管理和营销能力，不能协调各中心的运作，甚至出现了在一个市场上两个NIIT中心互相抢生源的现象。加盟培训中心对区域合作伙伴日益不满，于是开始拖欠属于 NAP 和 NIIT 的分成费用，NIIT 的应收账款大幅增加。无奈之下，NIIT 开始调整经营模式，取消 NAP 这一管理层级，由 NIIT 直接负责为培训中心提供技术和市场支持。同时，努力开拓院校市场，与中国的大专院校开展课程合作，用 NIIT 面向应用、强调实践的计算机课程替换学校原有的课程。由于此种模式大大降低了营销成本，也不需要很强的市场营销能力，同时，院校的信用度较好，没有拖欠款项的问题，NIIT 的财务危机迅速得到缓解。目前，NIIT 与院校合作的业务已经超过社会培训业务，占 NIIT 中国总收入的 75%。

NIIT 还特别注意与跨国软件企业结成战略合作伙伴关系，例如，NIIT 是微软公司全球战略合作伙伴，同时也是微软第一家海外课件供应商。NIIT 还与 Sun、Oracle、CA 等软件企业结成类似的合作关系。这种合作关系确保 NIIT 可以及时跟踪技术发展的最新动态，并了解用人单位对人才的需求。NIIT 会在第一时间把最新的技术纳入自己的教育培训体系，所以在市场上总给人以领先竞争对手一步提供全新课程的印象。

第四节　NIIT 的管理诀窍

一、细分消费者群体，提出不同的培训方案

NIIT 主要培养软件工程师和软件管理人才。NIIT 将目标培训人员分为以下几个群体，并针对不同群体实施不同的人才培养计划：

（1）高中毕业生。

进行 2 年的专业职业课程学习培训，目标是使之成为软件编程人员与测试人员，具备完成软件工程项目中大量基础技术性工作的能力。

（2）在校大学生。

对在校的非 IT 专业大学生（3~4 学年制），设计 2 年的软件职业技术专业课程，并在大学期间与所学专业并行开设，以课余学习方式完成。

（3）已毕业大学生或准备在 IT 行业就业者。

开设 2 年的软件职业专业课程。

（4）从软件企业离职或其他行业转岗（据介绍比例为年均 15%~20%）人员。

主要是开设高端（项目经理）培训或最新的、最前沿的专业技术课程，通常设计 3~12 个月的课程。同时，还包含在职人员的各种国际著名 IT 认证培训考试。

二、创造性地发挥自主权

NIIT 所拥有的自主权是其 IT 人才培养模式成功的关键要素。NIIT 始终坚持这一自

主权不受到威胁，所以它拒绝接受政府资助，没有申请政府的正式认可。NIIT 的自主权保证了其进行自主创新的可能性，从而形成 NIIT 独特的人才培养模式。

NIIT 在自己的智囊库和研发队伍的引导下不断分析新的需求和变化，形成了独特的发展模式与道路。发展道路是影响 NIIT 发展方向和潜力的重要选择。不难想象，如果 NIIT 所办的教育被纳入到传统大学体系中成为一个附属学院，其将无法摆脱专业、课程、教学方法等方面的束缚，难以突破传统的教学模式。

自主权使其能够敏锐地感知变革的需求，同时做出积极的反应，激发自身的创新活力。这一点从 NIIT 本身的发展阶段就可以看出来，它的每一步改革与发展都要以这种自主权为前提。

三、构建"智囊库"，专注研发与前沿理论

NIIT 软件人才培养成功的一个重要因素在于以科学的教育理念为理论基础。NIIT 引入了专门的智囊库，建立了专门的研发机构，旨在理解和掌握先进的教育理念，并运用于教育培训的实践中，转化为教师选任、教学内容结构、教学方法等具体操作要求。NIIT 的软件人才培养过程是遵循和实践教育规律的过程。

在 NIIT 培训事业发展的初期，引进了优秀教育学专家。这些专家组成了"高等教育研究小组"作为思想库进行了大量的院校研究以及与高等教育相关的探索，为 NIIT 培训事业的发展制订合理的规划，不断创新。在他们的努力下，NIIT 的教育内容实现了标准化，并形成了严格的资格证书等级。这种等级结构从基础到高级分别是：基于网络工作的计算机专业文凭、GNIIT、ANIIT、FNIIT。当前较为成熟的是 GNIIT，主要包括三块内容：两年取得计算机专业文凭的 IT 课程；同时还必须在一所相邻的大学的附属学院获得一个学士学位；在这三年学习后，进行为期一年的专业实践。大概有 100 多个 IT 企业参与了 NIIT 的专业实践项目。学生在现场解决问题的过程中学习，同时可以获得相应的报酬。

NIIT 的哲学思想是追求教学创新和效率。由于资源有限，NIIT 从开始就创立了两个研发部门，以更好地解决场地、教师等资源的有效开发与利用问题。其中一个是由 20 人左右的团队构成的研究机构，人员大部分具有博士学位，主要是自由探索有关教育、认知科学等知识，而不必关心其应用价值；另一个是教育发展战略研究部门，特别关注教学论等理论的应用问题。这些研发部门的参与使 NIIT 的教学始终能够得到教育学、认知科学、管理学等领域最前沿理念的引领，从而保证其教学及管理等活动的先进性。

四、放弃采用矩阵式组织结构，选择采用 IBU 组织架构

由于海外扩张迅速，NIIT 总部的所有职能部门不可能对所有国家的市场都非常了解。为此，NIIT 放弃矩阵式组织结构而改用 IBU（Independent Business Unit，独立业务

单元）组织结构。在这个组织结构下，每个国家市场都在总部有一个对应的支持团队，负责为对应国家提供必要的资源和支持。通常，这个支持团队向对口的国家 CEO 汇报工作。各个国家的区域总部负责各自市场的日常运营，需要总部提供资源和支持时便会通过自己的支持小组与 NIIT 总部接洽，包括为了满足自己市场上的个性化需求而进行的教材修订。

例如，在印度的中国区支持小组就是 NIIT 的一个窗口，中国区的所有需求都可以通过这个小组传达给总部，避免了中国区得根据事情的不同分头寻找总部的不同职能部门解决问题，提高了获取资源和支持的效率。同时，这样也降低了对总部各个职能部门的要求，它们不必对分散在 42 个国家的市场都很了解。这种架构比较适合跨文化程度非常大的情况，而矩阵式架构对于文化相似性较高的企业可能更有优势。

五、谨慎有效的财务策略

1. 谨慎保守的财务策略，较低的财务杠杆率

如果仔细研究 NIIT Technologies Limited 和 NIIT Limited 2005—2006 年的财务报表会发现，NIIT Technologies Limited 的长期负债为 437 844 854 卢比，负债和所有者权益总计为 2 608 357 017 卢比，财务杠杆率为 16.8%；NIIT Limited 的长期负债为 1 195 342 351 卢比，负债和所有者权益总计为 4 083 331 969 卢比，财务杠杆率为 29.3%。这样的财务杠杆率在发展迅速的高科技行业是处于较低水平的。

之所以实行比较保守的财务策略是因为现实中有大量案例，特别是在高科技领域，在市场迅速发展时，企业大量借债以满足高增长的需要；但当市场不景气，消费萎缩来临时，巨额债务很容易导致一个明星企业的崩溃或破产。为了有效降低财务风险，NIIT 一直采取保守的低财务杠杆的运作模式。当然，这种保守策略在一定程度上限制了 NIIT 的发展速度。

2. 在跨国并购中，采用现金并购的策略

NIIT 的历次并购全部采用现金支付的形式，这也是保守的财务策略的一种表现形式。从财务理论上讲，一般有三种并购形式：现金并购、股票并购或杠杆收购。由于 NIIT 是在印度的上市公司，而它并购的对象都是欧美企业，用股票收购的方式并不现实，西方投资者并不认可印度的股票；另外，股票收购会降低 NIIT 的股票价格，这也是 NIIT 管理层不愿意看到的。因此，他们没有采取股票收购的方式。

杠杆收购就是通过借债收购企业。这种方式财务风险极高，往往会给企业带来沉重的财务负担，与 NIIT 保守的财务策略相违背。最终，NIIT 采取了现金收购的方式。

3. 通过在"避税港"注册企业，有效降低税率

在跨国经营中，税收因素将直接影响到企业的净收入，很多跨国公司通过在低税率或零税率的地方注册企业来达到避税的目的。NIIT 也采取了同样的做法，其在毛里求斯注册了一家企业，通过这家企业对中国进行投资，有效降低了税率。

第五节　NIIT 对我国服务外包企业的启示

NIIT 作为一家中型软件企业，来自发展中国家，技术力量和研发水平都有限。在这种情况下，NIIT 在走出国门时，没有选择与欧美一些跨国大型软件企业进行面对面的竞争，没有研发自主品牌的软件产品去拓展国际市场。相反 NIIT 决定采用与跨国软件企业合作的方式，通过承接跨国软件企业的外包订单，打入国际市场，充分利用了印度具有大量低成本高素质的软件人才。一方面，通过与跨国大型软件企业合作，有利于 NIIT 借鉴这些企业丰富的市场运营经验，积极消化和吸收先进的国际化经营理念；另一方面，也有效地避免了与跨国企业直接竞争。

在目标市场的选择上，NIIT 并没有选择技术水平和创新能力不高的发展中国家市场，而是选择了欧美发达国家市场。这是由于印度曾长期处于英国的殖民统治之下，英语已经成为印度的官方语言，同时印度也承袭了英国的司法、金融等体系，初步形成了完整的市场经济制度。这一切都拉近了印度与英美等国的"心理距离"。印度的管理人员和工程师在与欧美公司接触时，文化传统的障碍很少。

在市场进入方式上，NIIT 从为欧美软件企业外包开始做起，逐渐与欧美客户形成紧密的合作关系，发展成为客户软件外包项目的总承包商。当欧美客户的外包项目越来越大、越来越复杂时，深入了解客户的需求，为客户提供全方位服务的要求也就越迫切，NIIT 则借此机会在欧美设立办事机构，尽可能地贴近客户，为客户提供及时的、量身定制的解决方案。随着自身实力的壮大，NIIT 开始尝试并购一些既有技术特色，又有市场的小型欧美企业，进入一些细分市场。如今，NIIT 正试图沿着软件企业的价值链，向提供具有更高附加值的服务方向发展。

总结印度软件产业的发展环境和 NIIT 的国际化发展道路，对中国的软件产业和企业有以下借鉴意义：

第一，政府有义务为本国软件产业的发展创造良好的环境，制定优惠的产业政策，减免软件企业进出口软件产品的税收；建立软件园区，为中小软件企业融资提供风险资金；鼓励海外高科技人才回国创业；推广和提高计算机教育水平；扩大政府采购，积极推进电子政务；加强知识产权保护的力度，保障知识创新者的利益不受侵害。

第二，我们的软件企业必须实施谨慎的财务策略，特别是在进行跨市场投资时，尽量避免借债扩张，谨慎保守的财务策略可以保证企业的稳健成长，避免由于盲目扩张造成资金链断裂。主要依靠自有资金进行扩张，这样即使海外发展失败，也不至于影响企业的生存。

第三，在人力资源战略上，针对不同市场采取不同策略。如果进入欧美发达国家市场，应做到人才的本土化，充分授权当地的职业经理人；如果进入发展中国家市场，要从母国派出经验丰富的管理人员，同时注意本地人才的培养。

第四，中国软件企业应该首先立足国内市场。中国具有广阔的国内市场，国内的企业和政府对信息化建设投入了大量资金，国际软件巨头也纷纷进入中国市场，只有在国内市场站稳脚跟，打下良好的基础，充分总结经营经验的前提下，才可以进入国际市场。

第五，对于我们国家的企业来说，在选择进入国际市场时，目标市场的选择也应该首先瞄准日本、韩国、东南亚等儒家文化圈。这些国家和地区与我们有相同或相近的伦理道德和文化传统，沟通和交流的障碍较少，容易取得客户的认同感。

最后，抓住历史机遇也是 NIIT 发展的一个重要经验。

机遇之一是，20 世纪 90 年代后，以美国为首的西方发达国家大力发展信息产业，这使得全球对程序员、软件工程师等相关人员的需求迅速增加。美国为了解决人才短缺的问题，主要采取了两种措施：一是鼓励技术移民的流入，在此期间，印度人获得了超过 20 万的技术移民签证；二是大量美国公司在印度投资或者直接将 IT 项目外包给印度。

机遇之二是，为了解决 20 世纪 90 年代末计算机和信息行业的"千年虫"问题，计算机专家需要对大量程序进行检查，也无疑是非常耗时费力的工作，而印度公司对这一问题的解决既有效而且低成本。这就成为类似 NIIT 等的印度 IT 企业进入国际市场，从而带动服务外包发展的重要契机。

NIIT 和其他印度企业抓住了 20 世纪 90 年代世界 IT 发展的两次重要机遇。进入 21 世纪后，信息技术和信息经济迅猛发展，国际产业分工和转移掀起新的浪潮，这也为印度服务外包的快速发展创造了良好的外部条件。

此外，印度政府能在信息技术和软件产业较为顺利地推行改革，从而带动该产业和经济发展的一个重要原因是这是个全新的领域，不同于其他产业的改革，该产业内并没有很多既得利益集团来阻止政府的改革。因而，政府可以制订较长期的改革计划并能较有效地实施各项改革政策，避免了政治斗争造成的短期主义。

第六章 服务外包的 "市场部"：印度国家软件与服务业企业行业协会（NASSCOM）

第一节 NASSCOM 的创立

一、NASSCOM 简介

NASSCOM 全称是印度国家软件与服务业企业行业协会（National Association of Software and Services Companies）。NASSCOM 在全球范围内拥有 1 200 多个会员，既包括印度国内公司，也包括在印度设立业务机构的跨国公司。NASSCOM 成员公司的业务包括：软件开发、软件服务、软件产品、咨询服务、BPO 服务、电子商务和 Web 服务、工程研发和设计服务以及动画和游戏软件开发服务。尽管印度有着 4 000 家左右的服务企业，但是 NASSCOM 的 1 200 多个成员，却代表着印度 IT－BPO 产业收入的 95%，并雇用了 230 万专业人员。

NASSCOM 成立于 1988 年，是一个非营利组织，总部设在新德里，其分支机构设在孟买、金奈、海德拉巴、班加罗尔、加尔各答和浦那。NASSCOM 的愿景是：在信任和诚信的基础上，成为富有成效且最受买家群体关注、面对全球市场的 IT－BPO 行业组织。

1988 年，Nandan M. Nilekani（Infosys 的创始人之一，现任首席执行官兼总裁）和 Rajendra Singh Pawar（现任 NIIT 公司董事长）等人依据 1986 年印度政府颁布的《协会法》成立了 NASSCOM。该协会成立的宗旨是要成为印度软件产业发展的 "催化剂"，最初主要通过游说政府修订相关政策法规以改善国内软件产业环境，帮助印度软件产业建立国际国内整体形象等推动印度软件产业的发展。为此，协会经常举办高层次的研讨会，与政府就有关产业政策进行协商、沟通，游说政府支持自由贸易、取消关税保护、加强对知识产权与数据保护法律规章的完善、减少对电信市场的干预、鼓励私人资本进入教育领域等。

NASSCOM 承担着印度 IT－BPO 行业的全球市场开发和战略顾问的角色，在努力驱动信息技术和离岸服务市场的整体成长，保持印度 IT－BPO 产业在全球市场的占有率和领先地位。NASSCOM 的其他角色，包括帮助政府研究和起草公共政策、进行国际贸易发展咨询、市场研究和信息情报服务。目前 NASSCOM 已与全球 40 多个国家的行业协会建立了密切合作联系，并签署了超过 50 份合作备忘录（MOU），是国际产业合作网络的重要成员，这使得 NASSCOM 可以为其成员企业提供全方位专业的发展建议。

NASSCOM 的其他目标，包括支持国家人才供应能力建设、加强本地基础设施建设、帮助企业间形成合作伙伴关系、实现企业的完美运营等。NASSCOM 还在努力推进创新、质量管理和过程管理能力的提升（CMMI），增强计算机网络和全行业的信息安全保障。

1991 年 6 月，在 NASSCOM 等机构的不懈努力下，印度软件科技园注册为独立机构，这就确立了一种规避政府直接干预的新产业开发模式，既保证政府对软件业发展基础设施建设的支持，又避免其过于细碎的规章限制和干预。这些努力为印度软件产业的真正起飞创造了良好的发展环境和基础平台。据统计，1985—1991 年，印度国内软件企业从 46 个增长到 145 个，软件出口额从 2 200 万美元逐渐增长到约 2.2 亿美元，年均增长额达到 41%（1986—1991 年）。印度相当一部分的软件明星企业，如 Infosys、Tata、Wipro 等都是在这一时期创立的。

二、NASSCOM 的目标

（1）巩固印度服务品牌的国际领先地位，使印度成为全球服务外包的首选之地，构建离岸和在岸信息技术服务市场。

（2）与印度政府和地方政府合作，制定信息服务行业政策和相关法规。参与全球企业间交流合作，促进 IT-BPO 服务贸易发展。

（3）鼓励组织成员信守世界级质量标准。

（4）在组织成员中，提倡知识产权保护和保障信息安全。

（5）巩固各企业在印度的平等地位，使印度成为全球 IT－BPO 服务采购的首选地。

（6）增加印度知识人才的供给能力，提高全行业人力资源质量。

（7）继续与各成员企业、理事单位展开合作，使产业发展战略呈现多样化，以此成为全国业界共同追求的目标。

NASSCOM 在印度大力提倡知识产权保护。早在 1990 年，NASSCOM 就曾发起过积极的公众教育项目，教育用户合法使用软件并开通了印度第一条反盗版热线。NASSCOM 还成功地推动了印度反盗版法律的出台，帮助引入了网络安全法。它与政府开展长期合作，修订信息安全法律条款，促使其与世界知识产权组织以及其他国际法律条约保持一致。此外，NASSCOM 还与商业软件联盟（BSA）密切合作，贯彻版权法，以此赢得国际买家的信赖。

三、NASSCOM 为成员企业提供的服务

NASSCOM 为其成员企业提供增值服务，帮助其获得商业发展机会，营造一个有利企业成长和获取收益的生态环境。

NASSCOM 对成员企业提供的服务包括：

（1）提供商业联系、交流实践心得的论坛（SME 论坛、ITES-BPO 论坛、产品论坛以及 MNC 论坛）。

（2）与买家群体开展各类研讨会、案例分析会或圆桌会议（印度及国外买家）。

（3）提供世界级的产业研究和市场调查服务，由全球顶尖咨询公司、智库以及行业资深专家和顾问提供咨询服务。

（4）帮助成员企业了解世界各国有关商业信息（如税收、立法、移民政策、征兵、知识产权保护以及商标方面的信息）。

（5）通过参与 NASSCOM 基金会和其他慈善组织活动，让组织成员企业有机会"回馈社会"。

（6）组织成员企业参与全球行业和服务标准的制定工作，在网际协议制定、信息安全、数据保护以及下一代软件测试标准等方面获得全球领导力。

NASSCOM 1988 年成立的时候成员企业数目仅有 38 个，当时这些成员企业的收入占印度行业总收入的 65%。至 2014 年，26 年间 NASSCOM 逐步发展成为全球备受瞩目的行业代言人，成员成倍增长到 1 200 多家。这些成员企业的销售收入，占据了印度 IT-BPO 行业收入的 95%。每年二月在新德里召开的 NASSCOM 年会，已经成为全球产业风向标，呈现出引领全球产业发展趋势，可见 NASSCOM 的努力功不可没。

第二节　NASSCOM 的影响与作用

一、NASSCOM 的影响

1992—1999 年是印度软件产业外包迅速扩展的时期，其间主要发生的重要事件有：①卢比贬值和金融自由化；②Internet 的兴起和迅速普及；③世界信息产业巨头纷纷在印度设立分部或者研发中心等。Internet 的兴起和迅速普及不仅使跨国公司计算机系统大幅度更新，软件开发需求急剧增加；而且使软件业务跨国界同步开发成为可能，外包成本更加低廉。

印度企业由于拥有软件开发的语言优势、成本优势和相对高效的软件生产率而成为很多国家和公司开展其软件开发外包业务的首选，印度软件产业发展面临着极其难

得的历史机遇。可是由于印度电信业和 ISP（Internet Service Providers，网络连接提供商）服务属国家垄断，Internet 连接的费用很高且通信质量较差，致使印度全国仅有 28 000 多个用户，网络服务成为软件企业开展外包业务的主要瓶颈。1997 年，NASS-COM 的执行总裁 Dewang Matha 在谈到这段历史时分析说："对于现在的软件公司来说，如果不能连到 Internet 是不能生存的。"

立足于抓住机遇、消除瓶颈和推动印度软件产业整体发展的目标，NASSCOM 通过如下努力为印度软件产业迅速崛起做出了重要贡献。

1. 推动电信产业开放和私有化

NASSCOM 通过多方交涉，最后促成政府开放电信业，实施电信产业私有化，结果使 ISP 供应商从 1 个发展到 150 个，VSNL 网络连接费用从原来的每小时 30 卢比降低到包月 500 卢比。产业杂志 *Dataquest* 的主编 L. Sumbramanyam 对此评论说："对于 50～100 人的小型公司而言，不用整天花费时间跟充满官僚作风的机构打交道，也不必花费昂贵的租金就能得到 Internet 网络连接，确实从这项政策中获益最大。"对于经常需要 24 小时不间断网络连接的软件外包企业来说，尤其是对资金缺乏的中小企业来讲这项政策举措大大减低了其运作成本。

2. 推动政府颁布反盗版法，协助警方破获多起巨额盗版案件

随着软件外包业务的开展，知识产权和反盗版问题成为影响产业可持续发展的重大问题。面对 20 世纪 90 年代初日益猖獗的国内盗版问题，NASSCOM 及时推动政府颁布了反盗版法，并与警方大力合作，在 1995 年 8 月主导成立了反盗版热线，有效地遏制了盗版问题可能对印度软件产业发展造成的危害。反盗版热线对提供有效情报的举报人给予一定的奖金，在其成立后的最初 15 个月内就收到了 6 000 多条有效举报，协助警方破获了大量巨额的盗版案件，增强了国内民众的知识产权保护意识，提高了国家软件和信息技术领域内的知识产权保护力度，为软件产业长远的健康发展奠定了坚实的社会基础。

3. 规范软件外包业务流程，创建外包业务发展论坛

为方便国内企业承接 BPO 业务，NASSCOM 把与软件产业有关的信息分成 ITES - BPO（信息技术带动的服务业业务流程外包）、新兴公司（中小公司）、创新、人力资源、产品质量、工程技术服务几个组成部分，并建立相关的论坛，为成员之间互相交换产业观点、进行商业联系、交流业务心得提供重要平台。各论坛的负责人通常由成员企业的 CEO 担任，多数为印度或全球在相关领域领先的公司的 CEO，有时候也由政府机构的高层官员担任，每个论坛就相关领域的国际国内环境分析、国家软件出口政策、近期焦点问题、潜在威胁和机遇分析、市场发展趋势、技术走向等方面进行专题讨论，并由业界有影响的机构和分析师定期做出分析报告，就国际软件市场潜力、数据库、市场渠道、价格及价格分布结构、数据通信、人才需求以及相关硬件发展条件等进行分析，以使成员企业及时把握国际市场信息，了解全球不同国家的商务知识，包括税收、立法、移民政策、征兵以及商标等方面的资讯和政策。

在印度软件业界、NASSCOM 及政府的共同努力下，印度软件产业出现了迅猛发展

的势头，其软件产业出口额从 1992 年的不到 3 亿美元激增到 1999 年的 39.62 亿美元，产业总产值从 1992 年的 3.6 亿美元增长到 1999 年的 55.39 亿美元，年均增长 44%。国内软件产业相关企业从 1991 年的 45 个增加到 1999 年的 631 个，NASSCOM 的成员数量也从 1991 年的 131 个增加到 1999 年底的 600 个。

二、NASSCOM 的作用

自 2000 年 3 月开始，随着 dot.com 泡沫破灭，美国软件需求增长大幅度减缓，美国国内信息产业中的贸易保护主义情绪开始高涨，一些机构和组织团体以保护美国国家信息安全、保障市场就业率为由，反对本国企业和机构将软件和服务外包到印度等发展中国家，这使主要依靠美国外包订单的印度软件产业面临严峻的考验。与之同时，中国等发展中国家软件外包业务能力的提升，也使印度外包企业的低成本优势受到挑战。高速发展的印度软件产业突然置身于生死存亡的紧要关头。为了稳定市场、化解风险，NASSCOM 再次显示出其强势的外交和协调优势，在帮助成员企业和印度软件产业摆脱困境、走向自主创新和价值创造时代的过程中发挥了其他组织和机构难以替代的积极作用。

1. 对美进行产业游说和市场宣传，组织力量开拓欧洲市场

针对美国政府和行业协会以本国信息安全为由，制定政策限制印度软件外包业务的做法，NASSCOM 首先组织力量到美国社会各界和国会进行游说，宣传印度软件外包的优势、印度对知识产权的高标准保护措施等，以消除美国各界对印度主导软件外包产业的忧虑。与之同时，NASSCOM 联合印度商业部，积极组织成员企业联手开拓欧洲软件市场，设立"印度—欧洲软件联盟（NIESA）计划"，促成一批欧洲与印度合资企业和战略联盟的创建，并引导印度企业在欧洲国家推行人力资源本土化策略，成功地将印度软件外包业务的欧洲市场份额从 0 提升到 23%，确保了印度软件出口高速发展的态势，确立了印度在全球软件外包业务中的领先地位。

2. 抓住机会，组织成员企业进军高附加值的软件外包业务领域

由于 dot.com 泡沫前全球对软件和服务的需求量激增，印度软件外包业务总体呈粗放式发展格局，多数企业的外包业务主要集中在数据处理、后台服务及呼叫中心等软件产业价值链的低端。时任 NASSCOM 执行总裁的 Desai 先生曾对此忧心忡忡："印度的成本优势最多能保持 6~7 年。如果我们不从现在开始改变自己的话，不用 6~7 年，我们就会丧失我们的竞争优势。我们的信息技术不应仅仅只是降低客户的运作成本，而要给客户创造战略优势。"

为了迅速提升本国软件企业自主创新和价值创造的能力，NASSCOM 利用"印度—欧洲软件联盟（NIESA）计划"精心组织一批实力较强的成员企业为欧洲公司整体解决了"千年虫"问题，这不仅增强了欧洲客户对印度企业的信心，而且改变了部分欧洲人固有的"印度程序员的工作连高中毕业生都能干"的观念，为印度软件企业进入欧洲高端市场扫清了文化和技术障碍，使印度的软件产业不但没有随着 dot.com 的泡沫

衰减，反而在危机中走向软件产业价值链的高端。目前，一些印度软件企业不仅能提供中低端的服务，而且在创意服务、大型系统工程等高端软件服务领域大显身手。如Infosys利用其卓越的虚拟现实技术承接了欧洲空中客车的A380机翼部分的设计任务；印度众多企业分工承包了欧洲银行计算机系统同步化的工作等。2006年NASSCOM外包论坛提出了BPO2.0模式，旨在引导国内软件公司对客户流程进行科学的改造，充分利用信息技术给客户带来竞争优势，为客户提供高附加值的服务。同时，NASSCOM开设的中小企业论坛提供信息鼓励中小企业进入嵌入式系统、电信领域等分支领域，为客户提供专业性更强的服务；倡导企业积极参与ISO 9000、CMM（Capability Maturity Model）认证等与企业管理和发展有关的标准，安排专业人士为企业提供咨询服务，解决认证相关问题，使印度外包企业与其他国家的小作坊式软件工作明显区分开来。据统计，目前世界上通过CMM四级以上认可的公司只有70多家，印度就占了42家。CMM的意义不仅仅是对软件开发的过程进行管理，它还是一种高效的管理方法，有助于企业最大程度降低成本，提高质量和用户满意度。

3. 开展多视角战略研究，为成员企业提高自主创新和价值创造能力提供多层面的咨询服务

NASSCOM成立伊始，就把对本国和世界软件产业的战略研究置于首要地位，以期通过权威性的、客观的研究、咨询和信息发布引领印度软件产业逐步进入到价值创造的高端软件产业领域中。它以严密的方法论为后盾，采用专有分析手段和步骤，与各领域一流品牌公司开展合作，持续不断地进行印度本土和世界信息与通信技术领域的调研项目，为成员企业及时地提供最新的商机和全球领域的商务实践，帮助业界认识IT技术发展可能带来的无限机会和潜在压力。NASSCOM调研报告具有相当的可信度，已得到国际业界的高度关注。如今，NASSCOM年度回顾报告成为印度信息产业数据的唯一来源，其中包含软件业和其他信息产业的就业、收入、出口和市场份额等方面的最新详细数据。据不完全统计，每个年度NASSCOM都会向其注册会员发送各类研究报告和结果，数量达到200多篇，其内容几乎覆盖了与信息产业相关的所有方面。

从20世纪90年代开始，NASSCOM就与全球领先的战略管理顾问公司麦肯锡咨询有限公司（Mckinsey & Company）合作对印度整体软件产业进行研究，分别在1999年、2002年和2005年共同发布了NASSCOM - Mckinsey报告。这些报告对政府制定产业政策、企业产品研发战略的选择以及NASSCOM工作定位等都起到了基础性的指导作用。2005年发布的NASSCOM - Mckinsey报告在对2010年全球软件外包总额预测的基础上，结合印度软件产业状况和2005年软件业出口产值，确立了提升印度软件外包产业领先优势的目标。该报告通过精确测算指出，在2000—2004年中仅仅外包行业的产值增长就占了印度GDP增长总量的6%，强调软件产业是印度经济的驱动力，印度应在2010年全球1 100亿美元的外包总额中占据600亿美元的份额。报告在肯定印度软件产业传统优势的同时，重点分析了其存在的三大挑战：

一是人力资源的匮乏。只有25%的职业技术学校和10%～15%的大学软件专业毕业的学生能立刻胜任与企业软件外包相关的工作。

二是呼叫中心、应用开发等传统的低端外包业务面临日益激烈的竞争，利润呈下

滑趋势，企业必须在研发和产品创新方面加大投资力度，把业务向产业的中高端延伸。

三是道路设施、电力供应、软件园区的建设和通信设备等存在不同程度的短缺。

解决上述问题需要印度软件产业界、印度中央和州政府以及 NASSCOM 的突破性合作。此外，NASSCOM 和 Mckinsey 还提出名为"流程360°"的基准框架，通过分析对比软件开发过程中成本控制、质量保证、开发速度和柔性制造中的14个不同操作领域来帮助成员企业认识到其自身与软件外包业务国际领先公司之间存在的差距，推动印度软件行业逐步实现由低端外包业务服务型向高端增值性的价值创造型业务转变。

4. 规范软件产业人才培训标准，为印度软件产业整体跃升储备人力资本

为引导国内教育界培养出合格的软件人才，NASSCOM 联合印度软件产业界提出了 NAC 计划（NASSCOM 能力评估计划）。在印度联邦政府的支持下，该计划通过在 Andhra、Pradesh、Rajasthan 和 Gujarat 这四个州进行试点，最终向印度全国推广，使之成为印度各大学和技术学校学生能够适应软件产业工作水平的标准。NAC 计划在软件知识测试基础上增加了对英语的听说读写、撰写报告和沟通能力的测试，重在全面评估参加测试者对已掌握知识的应用能力。NAC 计划的负责人之一 Chintala 博士解释说，NAC 计划并不仅仅是考查参加测试者知道些什么，也考查他们能用其知道的知识做什么事情。NAC 计划不仅给国内软件企业提供了一个快速筛选人才的标准，为印度国内学校培养人才提供了方向，而且还在软件学界和业界搭建了一个很好的交流平台，为软件业内人士和人力资源专家共同解决软件产业发展所面临的人力资源瓶颈问题奠定了基础。不仅如此，NASSCOM 还建立了全球第一个类似于银行个人信用的软件人才数据库，名为 National Skill Registry for IT Employees（NSR 计划）。NSR 计划通过基础指纹和照片来辨认从业人员，用数据库记录印度所有软件公司职员的相关信息，包括教育背景、身体状况、曾经担任的职务及承接过的项目、擅长的工作领域、雇主对其的评价。NASSCOM 会在与每个公司的协同下确认每个注册人员的信息，同时对数据进行严格的保护。软件行业的人员流动率要远远高于传统行业，高达20%左右，NSR 计划的实施大大减少了公司招聘（尤其是中高端人才）的难度、时间及机会成本，而且对防止商业诈骗、保护知识产权起到了重要的作用，这也在一定意义上增加了印度软件公司在欧美客户心中的诚信度。

5. 网罗社会资本，为印度软件产业的可持续发展营造最佳社会环境

为促进印度软件产业的健康发展，NASSCOM 与印度政府和业界合作开展了一系列卓有成效的产业论坛，共同就产品质量、人力资源、外包战略等展开对话和讨论。各分支论坛具体针对本领域出现的机遇、问题和发展方向举办形式多样的研讨会，并在印度国内的各个地区开展各种形式的交流和宣传活动，以促进印度各行各业和社会民众对信息化和数字化、软件产业有充分的认识和理解，进而拓展国内市场，推进各行各业的信息化进程和挖掘国内需求潜力。如以网络犯罪和数字安全问题为契机，NASS-COM 与印度警方合作，为 Maharashtra 警察学校的168位学员进行数字犯罪调查方面的培训，在印度建立了两个数字犯罪研究中心，并举办"信息技术：警界新的挑战与机遇"和"电子商务：趋势与挑战"的专题研讨会。这一系列的活动既提高了印度警方在信息时代的工作能力，又为国内很多软件企业开拓了警方市场。

或许正是因为 NASSCOM 的持续努力和出色引导，印度软件产业在经历了各种挑战和风险之后依然发展神速。根据 NASSCOM 的数据，2001 财年，印度软件业的出口额和总产值分别为 62.17 亿美元和 82.98 亿美元。而在 2006 财年，印度的软件出口额已经激增至 236 亿美元，总产值达 296 亿美元，连续 6 年年均增长率高达 17%，年均复合增长率（CAGR）以 30% 的速度高速增长；行业总产值为 374 亿美元，占国家 GDP 的份额为 4.7%，出口总额为 242 亿美元，同比增长 32%。2007 财年行业总产值为 478 亿美元，占国家 GDP 的份额为 5.4%，出口总额为 313 亿美元，同比增长 29%。2007、2008、2009 年印度软件服务外包产业出口额所占比重分别为 79.2%、77.5% 和 78.7%。2012 财年，印度软件及服务业总产值已达约 1 000 亿美元。2013 财年，印度软件服务外包出口收入达 758 亿美元，同比增长 10.2%；国内收入达 10 470 亿卢比，同比增长 14.1%。2014 财年，印度软件服务外包收入增加 120 亿~150 亿美元；出口收入达 840 亿~870 亿美元，同比增长 12%~14%；国内收入达 11 800 亿~12 000 亿卢比，同比增长 13%~15%。NASSCOM 的成员企业从 2000 年的 600 个增长到 2012 年的 1 100 多个，占到了印度全国规模以上软件相关企业数量的 95%，保持了在整个产业的主导和领袖地位。

第三节　NASSCOM 对我国的启示

不论从早期印度政府关于推动软件产业发展战略和政策的制定，BPO 时代印度软件产业对海外市场的开拓和宣传，还是最近对印度软件产业进入高端市场和进行价值创造活动的动员和支持，NASSCOM 都发挥了难以替代的引领者、推动者和组织者的作用，其对印度软件产业的奇迹创造功不可没。

中国自 2000 年发布了《鼓励软件产业和集成电路产业发展的若干政策》后，软件和信息服务产业也有了较快的发展，2006 年中国的软件业实现软件业务收入为 4 800 亿元人民币，到 2012 年中国软件业实现软件业务收入 2.5 万亿元人民币（合 3 964 亿美元），仅 2013 年上半年中国软件业实现软件业务收入就达到了 1.39 万亿元人民币。一些研究者指出，中国已成为软件大国，但远没有进入软件强国之列。和印度软件行业发展模式相区别，中国软件产业发展属内需拉动型和政府推动型。面对国际软件行业的激烈竞争，中国软件企业在经营规模、产业集中度、价值创造能力和市场运作等多个方面表现出明显弱势。印度软件企业的前三强（Infosys，Tata，Wipro）早在 2000 年就开始在中国设立分公司，先期瞄准了在中国的外资企业，对中国企业的市场拓展和国际外包业务的开展构成极大的挑战。

总结印度软件产业创新能力提升的历史经验，反思中国软件产业发展的现实状况，我们认为，在软件产业这样一个快速增长和急剧变化的行业，仅仅靠政府的政策引导和激励还不足以满足相关企业做大做强。这不仅因为政府的产业发展意志常常和具体企业的经营意愿相冲突，政府的政策意图未必总能适应企业发展的现实需要；而且因为政府本身置身产业竞争之外难以洞悉行业发展的隐含知识和发展态势，缺乏引领软件企业走向价值创造等高端市场的经验和技能。中国软件行业做大做强，除了政府积极作为和软件企业自身努力外，还需要一个类似印度 NASSCOM 那样的，对中国软件行业现状和发展有高度敏感性的行业协会组织，以便通过在政府和产业之间进行合理的对话和协调，形成政府、企业和行业组织齐心协力的"三驾马车"发展格局，为中国软件产业实现自主创新和价值创造提供最强劲的动力、最富有前瞻性的个性化的公共服务，营造最优越的发展环境。虽然 1984 年 9 月 6 日，中国成立了相关的软件行业协会——中国软件行业协会（China Software Industry Association），全国各省市也分别成立了软件行业分会，但由于中国软件行业协会多数隶属于政府的行政机构或事业单位，服务意识淡薄，服务工具、知识和能力缺乏，其对软件企业和产业的影响力十分有限，更不要说引领产业发展。到目前为止，中国最大的软件行业协会——中国软件行业协会只有 700 多家会员，仅占到全国 10 000 多家软件相关企业的 7%。学习 NASSCOM 运行和服务经验，中国软件行业协会首先应明确其为软件企业服务的职能定位，并通过持续不断的体制创新、知识和技术创新、人力资源聚集和社会资本网络拓宽等实现其服务能力跃升，在为中国软件企业提供多层次服务的实践中发展、扩大其影响力。

中国软件产业的自主创新和价值创造亟须中国软件行业协会"脱胎换骨"，以其全新理念、战略眼光、创新魄力和服务热情真正成为中国软件产业、企业做大做强的引领者、组织者、支持者和推动者。

第七章　服务外包的出口基地：软件科技园

　　科技园演化自发达国家的科学园或研究园。1951 年美国设立的科学园，开创了现代科技与企业联姻的先河。其后，由于西方科学技术园建设成就卓著，发展中国家纷纷效仿，并于 20 世纪 90 年代后形成了世界性科技园的建设浪潮。科技园是一种将研发机构与产业集聚联合起来的经济地理模式，通过将相关具有共性或互补性的知识创新型公司联合在一起，一方面充分发挥传统集聚带来的资源优势、市场优势和成本优势，促进该区域的外部规模经济效应；另一方面通过产学研结合的知识经济体系，最大限度地发挥园区知识溢出效应和学习效应，带动技术持续创新，并帮助中小企业壮大发展。此外，根据产业经济学理论，就服务业而言，集聚什么服务往往和城市的特征有内在关系，国家范围内服务业在特定地域内集聚导致产业地方化，国际范围内服务业在一个或几个国家内集聚导致国际专业化，也即科技园内服务业的集聚能够促进所在城市或国家的国际专业化形象的塑造。

　　由于园区模式推动了知识和科技密集型产业发展，逐渐成为带动国家和地区产业结构升级、综合竞争力提升的重要途径，世界各国特别是发展中国家投入大量资金、技术和人才兴建科技园，印度软件科技园（Software Technology Parks，STPs）便是其中杰出的代表。

　　20 世纪 80 年代起，在高科技发展战略的指导下，印度政府酝酿建设科技园以进行软件、电信、生物工程等研发。从 20 世纪 90 年代起相继在班加罗尔、浦那和布班内斯瓦尔建立软件园、电子城、孵化园等软件集聚园区，如今印度已建成遍布全国的软件园"硅网"。

　　软件园的兴起及其集聚效应的发挥，极大地提升了印度软件产业的整体竞争力，推动印度成为名副其实的软件大国和全球离岸服务外包承接第一大国。

第一节　印度软件科技园的发展

印度政府于 1982 年投资 1.25 亿美元建立了全印度第一个科技园，进行包括软件、生物工程、医药等高尖技术的研发。经过多年发展，印度软件科技园建设成绩斐然，其中以软件园的建设最为成功。

一、软件科技园数量不断增长

1. 印度软件科技园

印度政府于 1990 年批准成立班加罗尔、浦那和布班内斯瓦尔三个作为自治机构的软件园，1991 年在班加罗尔建起第一个软件园，并将上述三个自治机构重组创立了印度软件科技园（该组织隶属印度电子工业部，总部设在新德里），到 2011 年已建成 52 个遍及全印度的信息中心，其中包括 10 个主中心和 42 个次中心，出口最多时一度占到了全印度软件与服务总出口的 95%。

2. 其他软件科技园

这主要有：建于 1996 年，归属喀拉拉邦政府的自治机构特里凡得琅科技园（Technopark）；建于 1997 年，公私混合投资的海德拉巴信息科技工程咨询城（HITEC City）；建于 2000 年的班加罗尔国际科技园（IT - PB），由塔塔产业、新加坡国际财团和卡纳塔克邦产业发展部合资；建于 2000 年，隶属于泰米尔纳德邦政府的泰米尔纳德科技园（TIDEL）；建于 2003 年，隶属喀拉拉邦政府的咨询科技园（Infopark）等。此外，印度还从 2000 年开始在美国和欧洲等地投资兴建软件园，形成了商业支持和咨询科技中心。

二、园区内企业发展迅猛

1. 企业数量不断增加

1991 年印度软件科技园中只有 164 家登记企业，其后企业数量迅速增长。2009 年仅运营企业就达到了 8 455 家，其中出口企业高达 7 214 家。2010 年由于税收优惠到期，一些企业开始退出园区，但 2011 年仍有 6 554 家企业在园区内运营。

2. 企业类型多样

2010 年底，印度有超过 5 000 家出口企业向全球提供软件和外包服务，其中绝大多数企业都在软件科技园内落户，包括超过 200 家全球 500 强企业在印度建立了业务中心和研发中心，本土除了有雇员 10 万以上，盈利率超过 20% 的大型跨国企业如塔塔咨询、印孚瑟斯和威普罗等以外，还有众多的中小微企业。

3. 企业竞争力不断提升

迄今为止，在全球获得 ISO 9001 认证和软件能力成熟度 5 级认证的企业中，印度企业就占了 80%。这些企业通过自建和并购在海外设立全球交付中心达 500 多个，为全球提供了跨多个垂直行业领域的服务。本土企业在印度信息技术外包和业务流程外包领域分别占到了 70% 和 50%，领先并主导着跨国企业在印度的外包发展。

三、园区的集聚效应突出

1. 企业集中度高

仅卡纳塔克邦就集中了 STPI 登记企业的 25%（2008 年）；而班加罗尔、海德拉巴和金奈构成的软件金三角地区，则集中了印度 42% 的软件企业。

2. 出口集聚效应突出

2010—2011 年度卡纳塔克邦、马哈拉施特拉邦、安得拉邦和泰米尔纳德邦的园区出口分别为 7 024 亿卢比、4 987.3 亿卢比、2 867.4 亿卢比和 2 828.9 亿卢比，分别占 STPI 软件出口的 32.63%、23.17%、13.32% 和 13.14%。仅此四邦的软件出口就占到 STPI 软件出口的 82% 和印度软件出口的 66%。

3. 城市品牌形象好

据 Global Services - Tholons 公司 2009 年调查显示，全球顶级服务外包城市前八名中印度就占了六席，依次为班加罗尔、金奈、新德里、孟买、浦那和海得拉巴。特别是班加罗尔，作为印度信息技术集聚典范吸引了全球买家的关注，其软件出口占全印度软件出口比重曾一度高达 70% 以上，被誉为世界"软件之都"和世界十大硅谷之一。

四、园区发展对印度经济社会的贡献不断增强

1. 促进了印度软件业的发展

一是园区出口增长推动了印度软件总出口。1991—2011 年印度软件出口增长了 360 倍，对此园区发展可谓居功至伟，其出口从 1991—1992 年度的 1.7 亿卢比增加到 2010—2011 年度的 21 526.4 亿卢比。园区出口占印度软件及服务总出口的比重也从 1992—1993 年度的 8% 激增到 2008—2009 年度的 95%。虽然 2011 年 STP 计划的税收豁免政策到期使得一些企业退出园区，但园区出口占总出口的比重依然高达 80% 以上。二是促进了印度软件与服务业不断走向价值链高端。至 2011 年，印度的信息技术外包（ITO）、业务流程外包（BPO）和高端知识流程外包（KPO）分别占到全球离岸份额的 70%、34% 和 70%，知识套利的模式逐渐成形。

2. 促进了印度经济社会的发展

一是促进了就业。2012 年印度服务外包部门直接就业人数达 280 万，其中 80% 以

上在软件科技园工作，58% 来自二、三线城市，31% 是女性，74% 的人年龄不超过 30 岁，5% 来自最不发达阶层。二是促进了各邦和印度的发展。印度许多邦的发展都与其园区出口息息相关，已有 23 个邦通过园区建设推动了当地 GDP、教育体系和基础设施的发展，泰米尔纳德邦等邦的软件科技园出口已占到邦总出口的 25% 左右。从全国来看，印度总出口的 21% 和 GDP 的 3.4% 都来自软件科技园的出口贡献。此外，园区还通过技术创新和发展帮助印度积淀了从农业经济走向知识经济的基础，并提升了印度的国家形象，使之从一个效率低下的官僚经济体逐渐转型成能为全球提供一流技术解决方案和业务服务的国家。

第二节　印度软件科技园发展的动因

印度软件科技园的成功，有宏观与微观两个层面的原因：前者主要包括全球服务外包与世界科技园的发展驱动、印度国家高科技战略的推动等，后者则与园区的建设、管理、业务模式以及集聚效应下企业竞争力提升和城市品牌建设有关。

一、全球服务业转移与世界科技园发展带来的需求和供给的双重推动

印度软件园的发展，是在服务外包全球化、世界科技园蓬勃发展以及本国经济改革的背景下产生和不断发展的，是市场和知识创新两大驱动力量共同作用的结果。

20 世纪 90 年代伊始，随着信息和通信技术的广泛应用以及跨国公司"归核化"战略的实施，发达国家把越来越多的服务业功能向其他国家和地区转移，服务外包浪潮席卷全球，形成了庞大的全球软件和服务外包市场需求。同一时期，新兴国家开始大力推广和模仿西方园区模式，世界科技园建设蔚然成风。这种将研发机构与产业集聚联合起来的组织模式，通过知识创造和溢出效应，能够极大地提升研发的创新能力和产品（服务）的生产能力。与此同时，印度也开始了其全球化、自由化和市场化为特征的全面经济改革，无论是承接服务还是兴建科技园，都有益于印度更好地融入全球经济，实现本国的经济增长和结构转型。在巨大的市场需求与供给能力获得渴望的双重推动下，作为软件外包的先行者，印度率先将园区模式与软件产业发展结合起来，借全球服务业转移和新兴科技浪潮的东风，以产学研集聚为手段、软件和服务为内容大力兴建软件科技园，通过将科技园与软件业的结合增强了对软件和服务外包市场的供给能力，借此推动了本国服务外包产业的高速发展，并帮助印度成功超越爱尔兰，成为全球离岸外包的领头羊。

2000 年后，跨国直接投资逐渐从制造业外包转向了以服务外包为主，加德纳公司预测全球服务外包规模将从 2012 年的 9 750 亿美元增加至 2020 年的 1.65 万亿~1.8 万亿美元，且离岸转移份额也将从现在的 13% 增加到 25% 左右，可见服务外包的市场需

求增长仍有很大的空间。同时，世界科技园也从市场拉动为主的第二代园区，逐渐向以知识生态理念和创造力为核心的第三代园区转型，其创新和生产供给的能力还将不断提升。1991 年至今，软件科技园的发展为印度软件业和经济社会发展带来了巨大贡献，这进一步坚定了印度发展软件科技园的信心和决心。在未来较长时期内，全球服务外包和世界科技园发展带来的需求和供给能力还将不断增强，并将继续成为印度软件科技园发展的巨大驱动力。

二、将软件科技园建设纳入国家高科技发展战略体系获得国家力量推动

独立后，印度为建成现代化工业强国和"有声有色"的世界大国制定了高科技发展战略，历届政府为此投入了大量的人力和物力积极开展高科技研发。印度软件科技园建设之所以获得成功，主要原因就在于印度将其纳入了国家高科技发展战略体系。基于这个平台，软件科技园可以长期、持续而稳定地获得国家层面的政策及资源支持，共享高科技战略技术研发和人才培养的成果，确保园区及软件业的优先发展地位。实质上，这是一种由国家战略保障的发展，也是印度发展软件科技园的重要经验之一。

1. 从战略层面加强对软件科技园的管理

兴建科技园是印度国家高科技发展战略的实施措施之一，软件园作为科技园的主体受到了政府极大的重视。一是设立信息技术管理机构。政府永久保留了最高科技顾问机构总理科技咨询委员会，支持各类计划和项目的制定和实施，并在此基础上设立了信息技术和软件园的管理机构，如 1991 年电子工业部下设非营利组织 STPI，1998 年总理办公室成立"国家技术与软件发展委员会"等。二是加强对软件科技园发展的管理。2003 年的科技政策提出，要建立适宜机制使科学家和技术专家参与国家管理和公共政策，这在一定程度上增强了软件园管理的专业水平。此外，印度还通过实施"软件技术园区计划"（STP），将大部分软件园的建立和发展纳入政府的统一规划之下。

2. 给予软件科技园战略性的政策支持

在"将研究与产业结合，利用高科技为经济增长添力"的科技政策指导下，印度两级政府在资金有限的情况下，仍然长期给予软件科技园诸多支持。一是中央政府的政策推动。实施 STP 计划，为园区提供良好的基础设施以吸引企业入驻；2010 年前免除公司所得税，对软件进出口双重免税以促进园区出口；放宽中小企业引进软件技术的限制，取消软件进口许可证以帮助中小企业成长；取消对外企的诸多限制，允许其控股达 75% ~100% 以加大引资力度；强制要求政府购置国产 IT 产品，并给予购买国内资本货物的企业免除消费税等以拓展国内需求。二是地方政府的政策推动。主要是通过加强园区基础设施建设、提供优惠政策等改善投资环境，并对园区的税收、金融等给予支持，以提升各邦所辖软件科技园吸引软件企业、提升软件研发和服务的能力。

3. 共享高科技战略人才培养和技术研发的成果

印度的高科技人才培养战略得以实施，除了因为其重视高等教育外，还因为其很关注继续教育和再培训计划，并强调不断加强产学研结合。印度每年将其 1/3 的教育

经费投入高等教育，至 2010 年已建成大学和大学级学院 504 所、学院和科研机构 25 951所，为园区发展提供了大量研发型人才和适用技术。同时，通过高等教育、职业培训和企业培训联合培养，为园区输送了从高端到基础实用的梯形人才队伍。如今，印度拥有懂英语的软件专业技术人才超过 65 万人，并以每年新增 7 万～8 万人的速度增长，而相同技能的人力资源成本只有美国的 1/10 到 1/8，竞争力十分强劲。此外，纳入高科技发展战略体系，还有利于软件科技园共享国家多年投入建成的科技研发平台和使用相关的技术成果。

三、软件科技园发展模式的优化

1. 不断优化的发展规划

一是分工不断细化。印度很重视科技园的专业化建设，将信息技术园细分为软件园、硬件园（EHTP）等更为专业化的功能园区，只专注一个领域的研发和生产，大大提升了园区的专业技术水平。二是布局不断优化。软件科技园最初只在几个重点城市兴建，此后由南向北推进，通过主中心辐射相应次中心进行互动，其中大城市往往是园区集聚的主中心，周边小城市则更多是相关企业或后台中心，避免了重复建设带来的浪费和定位相同带来的恶性竞争。此外，印度于 2000 年起开始在海外投资建设软件园，硅谷软件园和欧洲软件园的兴起代表印度已经开始了从全国到全球的战略布局转变。三是定位不断调整。和西方科学园聚焦基础研发不同，印度软件科技园主要进行产品研发并实施出口导向。研发已从软件为主转向了整体方案的解决，并开始了标准的制定；出口导向战略也有了一定的调整，从一开始的 100% 出口到如今国内市场占到 20% 左右。

美国依然是最大的出口市场，欧洲紧随其后，而亚洲则成为软件科技园未来开拓的重点。

2. 良好的园区管理与服务

政府通过 STP 计划保证了园区的行政管理和基础设施支持。一是园区管理的独立性强。印度软件科技园是独立机构，由各方组成的董事会领导、经理负责，避免了地方政府的不必要干预，保证了软件科技园能够在高度市场化倾向下进行有效运作。二是园区服务优良。首先，完善的基础设施，特别是世界一流的网络通信设施，为企业正常开展全球性服务交付提供了保障；其次，园区管理机构作为政府派出代表行使政府职能，并提供全方位的服务，如为企业提供各种专业技能培训和咨询服务、提供"一站式"服务提高软件出口办理效率、提供法律援助以解决出口中的法律问题或纠纷、为刚成立的中小微企业提供孵化器服务以及为政府的各项优惠政策和支持措施的实施提供组织保障等。

3. 不断创新的营运模式

一是融资模式不断优化。早期的软件科技园都隶属于印度政府，主要由中央政府和邦政府推动和兴建。近年来，很多园区开始实行公营和私营企业合资的方式，有的软件科技园的建设资金甚至全部来自于私人投资。此外，印度还与外资合作在全球兴建软件科技园，如 2000 年印度在美国建立硅谷软件园，通过商业支持中心引入美国金融机构和风险基金；2005 年与欧洲政府合作建立欧洲软件园，其 95% 的投入来自私营部门对园区股票的购买。二是业务模式不断演进。为迎合全球服务外包发展的需要，印度软件科技园不断调整软件和服务外包的业务模式，提升了全球交付能力。直到 1990 年，印度软件业 90% 的收入都来自现场服务。1991 年软件园建成后，借助优良的通信和网络设施，园区开始将交付模式从外派技术员调整为离岸交付为主；2000 年后又借助软件的全球布局和园区内企业的全球设点，开始了包括离岸交付、近岸交付、反向外包在内的全球交付，并利用全球资源来促进园区的发展。同时，园区还通过加大对研发和质量认证的投入，将业务内容从信息技术外包逐渐转向业务流程外包和知识流程外包，园区发展的知识驱动模式开始形成。

4. 持续凸显的集聚效应

跨国企业、本土大型企业和中小微企业在园区集聚，提升了园区的整体竞争力。一是增强了自主创新能力。中小企业通过获取大企业的管理经验和技术溢出得到发展；企业分层外包格局的形成，减少了企业间的竞争损耗，加强了合作联动；集群效应使人才、科技成果、资金等要素重新配置、优化组合，形成以企业为中心的科技研发系统，提高了产业集群的创新能力。二是通过服务业集聚的空间特征形成城市品牌。服务业集聚可在一定程度上塑造城市特征并形成品牌效应，最好的例子莫过于班加罗尔，其产业集群集聚形成的优渥条件，实现了园区高度知识性与创新性发展，提升了本地软件业的竞争力，形成了独特地理特征和产业优势的外包城市品牌。

第三节 印度主要软件科技园介绍

一、印度软件技术园（STPI）

1. 科技园概况

印度从 1985 年左右开始实施以软件产业为核心的信息技术发展战略，已有 20 个软件科技园。被称为"印度硅谷"的班加罗尔软件园，是印度最大、最著名的软件科技园。班加罗尔软件园主要包括印度软件技术园（Software Technology Park of India，STPI）、国际科学技术科学园（International Tech Park Limited，ITPL）和电子城（Electronics City）。

STPI 成立于 1991 年，为直属信息技术部的社团组织。成立目的是鼓励和促进印度软件出口。STPI 属非营利性组织，总部设在新德里，在全国各地包括孟买、普那、班加罗尔、海德拉巴等共设有 39 个分部。班加罗尔分部成立于 1992 年，设在班加罗尔电子城中，是发展最快和规模最大的一个。到 2003 年上半年，卡纳塔克邦注册在 STPI 的软件企业近 1 200 家，占据印度软件业半壁江山。其中，8% 是跨国公司，24% 是中小企业，68% 是外资企业。43% 的软件企业从事应用软件开发，35% 从事 IT 外包服务，22% 是软件技术公司。班加罗尔平均每两周吸引 3 家外资公司入驻。

2. 基础设施

1991 年，印度政府投资为 STPI 建立了名为"SoftNET"的综合数据通信服务，为软件企业和它们在海外的研发机构、客户提供高速可靠的数据通信连接，这对软件业的发展至关重要。STPI 在班加罗尔电子城里，建立了一个卫星基站作为印度唯一的网络操作中心。SoftNET 是印度最大的微波数据网络，1993 年开始在全国第一个提供商业性互联网服务。STPI 班加罗尔网络中心通过微波和陆地连接来保证整个城市的网络连接。

除了提供专用数据通信外，STPI 还代表印度政府进行前端工作，即沟通政府和企业之间的行为和反馈、设立单一窗口帮助外资软件公司完成报批手续，同时提供海关保税和出口证明。在 STPI 内设立软件公司享受很多优惠政策，比如完全免税进口硬件和软件、到 2010 年为止免除公司所得税（最高比例达 90%）、允许设立 100% 外资独资公司、购买国内资本货物时免除消费税、对所交纳的中央营业税进行退税等。

3. 主要任务

目前，STPI 功能已扩充到鼓励和促进包括硬件在内的信息产业出口，并通过 ISO 9001 认证。主要任务是提供数据通信服务、孵化器服务和企业与政府交流的平台，代表印度政府进行产业指导，成为发展印度软件产业的推动者和催化剂。印度软件企业加入 STPI 后，能够得到数据通信连接服务、市场推广服务、软件出口资格认证和政府"一门式"服务等，并享受很多优惠政策。

4. 印度软件技术园成功的主要因素

印度软件技术园的成功是多方面因素共同作用的结果，除了班加罗尔的自然资源、人力资源和基础设施优势，还有几个方面的因素是不可忽视的。

（1）高效运作的管理体制。

按照印度政府颁布的法令，印度软件技术园注册为独立的自治机构，直属于印度信息技术部管辖，这反映了信息技术部希望避免政府对产业的直接干预。印度软件技术园的主管拥有广泛的权力，他们有意识地像朋友、哲人和向导一样为产业提供服务。

（2）创造合适的法律环境，保护软件知识产权。

为了保护和促进软件业的发展，印度政府十分重视该行业的知识产权保护，为此专门制定和修改了《信息技术法》和《版权法》等法律法规。1994 年，新修订的《版权法》对软件的保护和侵权的处罚做出了明确规定。2000 年，正式颁布实施的《信息技术法》对非法入侵计算机网络和数据库、传播计算机病毒等违法行为及其惩罚做出了规定，为电子文书和电子合同提供了法律依据。

（3）有力的政府扶持政策。

印度政府为促进园区快速发展，从税收、投资、进出口、政府采购等方面制定了较为完善的政策措施。

（4）有效的服务中介组织。

为了促进印度软件业全球离岸市场的全面发展及保持印度软件业外包的领导地位，印度早在 1988 年就成立了 NASSCOM。NASSCOM 是一个非营利性组织，总部设在新德里，在孟买、海德拉巴、班加罗尔、加尔各答、浦那、金奈设有区域办公室。

NASSCOM 是印度信息产业数据的唯一来源，它的年度战略回顾提供了独一无二的最新详细数据。NASSCOM 在信息技术部制定软件业的发展战略时发挥了很大的影响力，既获得了基础设施建设的支持，又避免了过于详细的规章和干预。

二、特里凡得琅科技园（Technopark）

1. 科技园概况

特里凡得琅科技园，建于 1996 年，是一个归属于喀拉拉邦政府的自治机构，位于喀拉拉邦的首都特里凡得琅（Trivandrum），是目前印度三大科技园中的第一个科技园，也是第一个通过 CMMI 4 级评估的科技园，占地面积超过 300 英亩，包括了 10 座用喀拉拉邦的一些美丽的河流名字所命名的建筑以及壮丽的中央公园和附属配套设施。

科技园总共有超过 290 家 IT 和 ITES 公司（ITES 是外包服务的一种形式，涉及银行、金融机构、电讯、保险的领域。ITES 服务为会计事务、保险索赔、信用卡处理等），雇用了超过 42 500 名 IT 专业人士，其中包括 5 家被 PCMM 评为 5 级的公司，6 家被 CMMI 评为 5 级的公司和 4 家被 CMM（Capability Maturity Model，全球软件开发评级）评为 3 级的公司，以及超过 20 家获得 ISO 9001 认证的公司。在科技园内工作的公司包括 TCS、Infosys、Oracle 印度私人有限公司、HCL 信息系统公司、安永会计师事务所等。

2. 地理位置

特里凡得琅是印度西南部喀拉拉邦的首府，在马拉巴尔海岸的南部，北距科钦 220 公里。这个地方通过铁路、公路和航空网络与印度其他大部分主要城市相连。特里凡得琅属热带气候，这使得特里凡得琅常年拥有一个非常宜人的气候，夏天最高温度 35.2℃，冬天最低温度 18℃，雨季从 5 月一直持续到 11 月。

特里凡得琅是喀拉拉邦的知识资本中心，拥有国内外首屈一指的国家研发机构，如维克拉姆萨拉巴伊太空中心机构（进行空间运载火箭的设计和开发活动）；印度空间研究组织，其雇用了超过 7 000 名的高科技专家；进行农产品加工、化工技术、生物技术、废水处理技术、材料科学和矿物加工技术研究的区域研究实验室；印度电子研究与发展中心等。科技园位于喀拉拉邦大学在特里凡得琅 karyavattom 区的主校区附近，那里开设有本科生、研究生、博士生的课程。而喀拉拉邦印度信息技术与管理研究所，就位于科技园的校区并为研究生开设课程。

3. 基础设施

特里凡得琅科技园是喀拉拉邦 IT 中心，同时它也可以理直气壮地宣称自己是特里凡得琅地区的知识资本中心。特里凡得琅科技园提供世界级、稳健和万无一失的物理电源和通信基础设施，为 IT 企业提供了毫无保留的低成本有利环境，该有利环境让其成员公司获得了市场竞争优势。

同时，特里凡得琅科技园有最好的自然的基础设施，以及最现代化的人造设施。高品质的环境、国际标准的基础设施、支持服务的全面保护、明显的成本优势、优秀人力资源的易获得性、投产的显著容易性，使得特里凡得琅科技园成为印度最有前途的 IT 公司的目的地。

（1）支持性服务设施。

自给自足的科技园是其他地方无法比拟的，辛苦的专业工作人员在工作之余可以到"科技园俱乐部"休闲放松。科技园俱乐部提供锻炼和放松的设施，那些设施包括 vaisakha 多美食餐厅、游泳池、羽毛球馆、乒乓球馆、沙滩排球场，一个最先进的健身房和按摩院，以及可以帮助安排旅行的南公园旅行社和免税店等。科技园俱乐部是在人们忙碌了一天之后休闲放松的最佳去处。俱乐部也经常将其用作科技园或成员企业为员工组织休闲活动的场地。

（2）土地。

科技园的建设目前分为三个阶段：第一阶段的科技园在位于 47 国道的喀拉拉邦的大学校园旁，占地 156 英亩（约 631 309.6 平方米），土地被分配给了各个公司；第二阶段科技园增加了 86 英亩（约 348 029.7 平方米）的土地，该地区已被印度政府宣布为一个特殊经济区。50 英亩（约 202 342.8 平方米）的土地被分配给了 Infosys 科技公司，该公司将在此建立艺术园区；还有 36 英亩（约 145 686.8 平方米）的土地被分配给了 US 科技公司，该公司将在此建立现代化园区。科技园第三阶段的建设，在一期园区和二期园区之间又增加了 100 英亩（约 404 685.6 平方米）土地。

（3）网络连接。

科技园内的企业连接网络有多种选择，在园区内分布有不同级别的光纤电缆，同时还有多个基站，主要的互联网服务提供商（ISP）是 Reliance Infocomm、STPI、BSNL、Bharti 和 VSNL。按每个公司的要求，带宽可用的速度接近 132 Mbps。

（4）电力和水资源。

科技园内的电力和用水基础设施都是自给自足的。喀拉拉邦政府为科技园颁布了供电许可证，提供了在园区内建立各种供电设施的权利。科技园通过强大的配送网络为园内设施按其需要提供电力；同时，在每一栋的建筑里有柴油发电机组作为备用的电源。

科技园内对水资源的需求由科技园自己建立的水源进行供给，园区内还建立了一个再生水厂。同时，从喀拉拉邦水务局引入的额外的供水线增加了目前可用来为成员企业服务的水资源。

除了在园区内设有各类完善的基础设施，园区还为其成员企业提供下列独特的商务系统：①与 IBM 合作的科技园软件工程鉴定中心（TSECC），在那里可以免费获得尖端的软件工程工具和专家指导，主要包括指导软件开发公司如何将软件工程转化为软件开发程序；②特里凡得琅科技园商业孵化中心（T－BIC），通过孵化帮助一些知识型企业获得成功；③电子网站，建立科技园机构与团队联合的外部世界平台；④电子校园网，为继续提高技能提供电子学习环境；⑤商务创新中心，提供商务孵化设施。

4. 成果

位于特里凡得琅的科技园，是印度唯一一家为IT/ITES类公司提供设计、开发，以及市场营销的科技园，其服务和基础设施建设通过了环境管理系统（ISO 14001：2004）、安全管理体系（OHSAS 18001：2007）以及CMMI4级认证。这是特里凡得琅科技园值得称赞的成就，也是在喀拉拉邦唯一一家获得该三项认证的科技园。科技园还努力通过电子垃圾管理系统维护它在绿色科技领域的地位。科技园的安全管理体系，通过预防疾病和损伤发生，提高了工作场所的安全性。有效的安全系统、消防系统、交通管制系统为园区内的员工提供安全的工作环境。科技园采用的认证标准是使它成为一个更好的工作地点的一个关键环节。目前科技园IT/ITES园区内有超过225家企业。

5. 企业愿景

一系列独特的商业附加价值证明了特里凡得琅科技园的愿景：为提高知识产业的内在竞争力和获得成功提供一个整体的有利环境。

三、海德拉巴信息科技工程咨询城（HITEC City，简称海德拉巴科技城）

1. 科技城概况

海德拉巴科技城建于1997年，是L&T Infocity为提升海德拉巴科学技术水平、培训优秀人才而专门设计、建置的一个独立的商业城，由公私混合投资建设。该城占地61公顷（约610 000平方米），耗资3.75亿万美元。安得拉邦政府将海德拉巴科技城外围20公顷（约200 000平方米）的Cyberabad作为该城基础设施之用。

海德拉巴科技城由第一期、第二期、第三期和高级住宅区、酒店、隶属于迪拜房地产商Emaar的海德拉巴会议中心、展览中心、CII‒Sohrabji Godrej绿色商业中心等部分组成。

2. 基础设施

（1）网络之塔（Cyber Towers）。

这是科技城的第一期，1998年11月落成。如今已有许多大型企业，如微软、甲骨文、通用电力和Capitoly在这里设立海外研发中心或客服中心。网络之塔分为四个扇形，中心处是一座巨型喷泉。为避免访客忘记应该前往哪一座建筑物，大厅接待员会协助访客前往正确地点。另外，大厅也有几家银行驻点、ATM、导览服务、书店、礼品店、点心吧和世界新视窗（NEW Windows of the World）餐厅。历经一天疲惫后，傍晚时工作人员可以到大厅小歇片刻，"充电"后即可以再度投入工作。离此最近的车站是海德拉巴车站，距离大约4公里。

（2）网络之道（Cyber Gateway）。

这是科技城第二期，提供网络之塔所需所有设备。其命名缘由来自位于建筑物之前的拱门，它是通往科技城其他地方的通道。此处有86.6万平方英尺（约80 454平方米）办公空间，延伸出宽达 8 英亩（约 32 374.9 平方米）的玻璃装饰地面、路标花园以及豪华候客室。网络之道特别为科技服务外包和企业流程服务外包而设计，备有复杂的通从与电力设施。许多大型企业在此设有海外作业中心，如戴尔、通用电力、Capitol。第一家进驻此地的公司是微软，很快地甲骨文以及其他公司也蜂拥而来。这些公司无论规模上还是作业上都在不断成长，进而建立自己的中心。网络之道外形优美且宽敞。第一区附近有座大型户外广场，科技人员可到这里纾解工作后的疲劳。数个小型喷泉散布各处通过制造声光效果舒缓人们的紧张情绪，时钟附近还有家自助餐厅。

（3）网络之珠（Cyber Pearl）。

这是科技城第三期，于 2004 年 10 月 13 日落成，占地 100 万平方英尺（约 92 903平方米）以上。这是 LTIAL（L&T 公司和新加坡房地产商 Asecndas 合资公司）的第一个建筑案，也是 Asecndas 在海德拉巴的第一个投资案。网络之珠原本要命名为网络之洲，但是因为海德拉巴素以珍珠闻名，故最后仍以网络之珠命名。目前网络之珠 80%的空间已有企业入主，包括汇丰银行、基因公司、Nipuna（企业流程服务外包创始公司）。

（4）展览中心。

这是海德拉巴国际贸易博览会有限公司（HITEX）的主体建筑，也是印度最新、最先进的国际展览馆、会议中心、贸易展场和业界新闻中心，由德籍建筑师主导设计概念。2003 年 1 月 14 日，分别由总理 Arun Shourie 和安德拉邦地方首长 Andhra Pradesh主持博览馆、贸易办公大楼的落成典礼。

展览中心是科技城的枢纽，也是印度最先进的博览馆。基于策略上考量，该馆坐落于海德拉巴最新开发的区域——Madhapur，是能源产业和科技产业的集散地。占地将近 100 英亩（约 404 685.6 平方米），中心内遍布大型设备，是海德拉巴的新兴城市和下一个发展目标。促使海德拉巴展览中心成为印度最佳出口中心的主要因素有：它是印度最现代、最先进的国际展览中心，秉照德国进口中心规格设计，具有最好的硬件设备和服务。海德拉巴是印度发展最快的国际性都市之一，其地理位置正好位于印度大陆正中央，到全国各地几乎等距，是前往东方现代国家与中东的交通枢纽。

（5）海德拉巴国际会议中心。

此会议中心由迪拜兴建，有 4 000 个座椅，拥有印度最大、最进步的会议设施。会议中心面积为 29.1 万平方英尺（约 27 035 平方米），300 个房间的商务旅馆面积 15 英亩（约 60 703 平方米）。会议中心有中央空调，座椅可增至 6 500 个。数种自动化设备可将效能最大化，和世界先进水平比较毫不逊色。

会议中心的大会堂被命名为 Shilpakala Vedika。Shilpa 意指雕刻、kala 是艺术、vedika 是平台，因此 Shilpakala Vedika 确实可说是一件艺术品。大会堂是归 AP 国际基础设施集团（The Andhra Pradesh Industrial Infrastructure Corporation，APIIC）。所有的会堂，位于科技城，到车站和机场交通便利。60 000 英尺（约 18 288 米）的会堂在业界独一无二。企业可以在安静、便利、设备完善的环境下进行活动。该处相当适合举行会议，隐秘性高。会堂在设计上具有弹性，提供多种结构配置选择，足以符合大部分复杂或特别的会议需求。

（6）CII – Sohrabji Godrej 绿色商业中心（The Green Business Center，GBC）。

此商业中心占地 5 英亩（约 20 234 平方米），靠近海德拉巴科技城三期工程，于 2000 年 3 月美国前总统克林顿来访时开始构思。绿色组织和印度产业工会共同策划、合作建立海德拉巴的绿色商业中心，以促进印度的环保行动。目前中心已竣工并有人员进驻，绿色组织和飞利浦环保企业中心的合作计划也在此地进行之中。

印度产业工会（Confederation of Indian Industry，CII）是非政府、非营利性、由工业界主导与管理的组织。工会于 100 多年前成立，可说是印度顶尖工业组织，和 4 000 多个自私营与公营的公司有直接会员关系，或是与部门组织有间接会员关系。CII 涵盖印度 80% 有组织的工业，包括 80 家本土公司、9 家海外公司，与 92 个国家的 191 个组织有联系。

3. 公司园区

海德拉巴科技城内的各个大公司还建有自己的的园区，已经建成的公司园区有 Computer Maintanence Corporation（CMC）、Convergys、DELL、E – Park（Currently leased by TCS）、HSBC、Kanbay、Infosys、Infotech Enterprises、Microsoft、Oracle 等 20 多个。还有一些公司在海德拉巴科技城内外兴建了一些配套设施。

四、班加罗尔国际科技园（IT – PB）

虽然印度综合国力不如中国，人均 GDP 也比中国低，信息产业的基础设施较差，但是印度软件业却比中国发展得更好，是继美国之后的世界第二大软件生产和出口国。印度能在软件业上取得如此举世瞩目的骄人成绩，与该国重视科技园的建设与发展有很大的关系，特别是以班加罗尔科技园为首的印度"IT 金三角"发展尤为突出。

1. 科技园概况

班加罗尔国际科技园创建于 1992 年，距市区 21 公里，占地 68 英亩（275 186 平方米）。由印度塔塔产业、新加坡国际财团、卡纳塔克邦产业发展部合资新建，是第一个集工作、居住、娱乐于一体的园区。园区总投资 4 亿美元，其中新加坡占 47%，印度塔塔集团占 47%，卡纳塔克邦政府占 6%。在园区刚成立之时，就成功地吸引了 40 家厂商前往投资设厂，2/3 的办公面积被租用，这在办公面积空置率高达近 40% 的班加罗尔市中心实在是一个奇迹，同时也充分显示出班加罗尔国际科技园自身优越的条件和美好的前景。

班加罗尔国际科技园已成为吸引跨国科技公司的先进办公场所，凡在此投资的企业可利用科技园提供的便利、先进的条件和设施，进行信息科技的研究与开发工作。园区为成员企业提供标准软件园区基础设施，如孵化设施、火灾安全保护系统、无痕电子通信网络、光纤通信、专用发电厂。目前，园区内有大约 120 家公司，雇用 19 000 名专业人员，主要有美国化学学会（ACS）、德国英飞凌科技公司、美国 TCS、美国朗讯科技公司、美国 Accelrys 公司、三洋、IBM、通用电器公司、Wipro 等著名跨国公司。

2. 地理位置

班加罗尔国际科技园是印度最重要的软件生产基地，不但被称为"印度硅谷"，更被看作印度未来发展的希望之城。班加罗尔是印度第三大城市，位于海拔 921 米的丘陵脊顶上，面积 174.7 平方公里，人口 650 万，是卡纳塔克邦的首府，这里环境优美、气候宜人，有"花园城市"之称。优越的园区环境位于印度南部，占地 280 000 平方米，距离市中心 18 公里，离班加罗尔机场 12 公里。它与周边的布巴内斯凡尔和浦那构成全印的"IT 金三角"，形成了很好的立体社会关系网络，如资金流、信息流、技术流、人力流等，即所谓的"产业价值链"。

3. 人力资源

班加罗尔地区拥有 10 多万名高素质的信息技术专业人才，这些人才主要通过三个途径产生：一是从当地的理工学院和科研机构产生，每年从计算机专业毕业的大专院校的学生有 1 万多人，如位于班加罗尔国际科技园的班加罗尔信息技术学院是印度培养软件人才最好的学院，学院设有微软、英特尔、IBM 等大公司的办事处，直接为公司培养人才；二是民办培训学校，印度全国以班加罗尔为主的各类计算机培训学校有 3 000 多所；三是企业自己建立培训机构。由于班加罗尔十分重视人才培养，特别是软件人才的培养，每年可为社会输送 3 万多名工程技术人才，其中有 1/3 是信息技术人员，软件专家数每年以超过 50% 的比率递增。

班加罗尔是印度高等学校和科研机构的集中地，聚集了印度理工学院、班加罗尔大学、农业科学大学、航空学院等 10 所综合大学，特别是有 7 所以计算机专业为主的高等学校，如班加罗尔大学、印度管理学院、农业科技大学、拉吉夫·甘地医科大学等；此外，还有 292 所高等专科学校和高等职业学校，以及印度国家科学院、尼赫鲁科研中心、托曼研究所、天体物理研究所等一批大型科研机构。较高的教育水平和大量的人才聚集，使班加罗尔具备了发展以信息产业为核心、以出口为导向的高科技城市的条件。

4. 基础设施

班加罗尔国际科技园是第一个集工作、居住、娱乐于一体的园区并提供标准软件园区基础设施，如孵化设施、火灾安全保护系统、无痕电子通信网络、光纤通信、专用发电厂。

当班加罗尔建立起全国第一个软件科技园以后，班加罗尔所在的卡纳塔克邦就积极提供各种便利。该邦自筹资金增建了发电厂并扩建了电信设施，使园区具备了完整的电力设施、供水系统和通信设备，为信息产业的发展提供了完备的硬件支持。该邦还倡导办公、财务活动等都要电子化，又为信息产业的发展提供了可靠的国内市场支持。这些措施都对班加罗尔软件产业的快速健康发展产生了巨大的刺激作用。

五、泰米尔纳德科技园（TIDEL）

1. 科技园概况

泰米尔纳德科技园成立于 2000 年 7 月 4 日，总隶属于泰米尔纳德邦政府，建筑面积为 128 万平方英尺（约 118 915.9 平方米），位于金奈市中心的六车道高速公路旁，是印度最大的 IT 园。科技园内配备有先进的设备以及种类繁多的娱乐设施，拥有充足的停车空间，并且获得 ISO 9001 / 14001 认证。同时，由多个服务提供商提供的连接高速数据/语音通信骨干网，100% 备份的电力及通信设施，能够提供不间断的电源和通信网络。每栋建筑内装有智能大厦管理系统，该系统的设备连接到所有的关键设施。

园区内的大多数的空间被跨国企业所租用。同时，科技园内雇用了超过 12 000 名的专业软件人才，提供装备精良的礼堂/会议厅为其成员公司和其他贸易机构使用。而且，房屋及设施均由跨国机构来管理，如园区由 M/s CBRE 公司提供经营场所及设施管理。

2. 地理位置

泰米尔纳德科技园是由泰米尔纳德邦工业发展公司和泰米尔纳德邦电子有限公司共同投资兴建的印度第一大 IT 工厂，坐落于泰米尔纳德邦的中心城市——金奈。金奈是印度南部东海岸的一座大城市，地处孟加拉湾的乌木海岸，是泰米尔纳德邦的首府。按照人口排名，金奈是印度第四大都市，全世界第 34 位的大都市区。该市拥有 368 年的建城史，是一个结合了历史与高新技术的、新旧结合的城市。

这座城市的生活成本与其他城市相比是比较低的，并且能够获得较高的生活水平。休闲娱乐中心从金奈海岸延伸到本地治里，有无数的餐馆和酒店能够提供多种美食。金奈提供专属的俱乐部、酒吧、迪斯科舞厅、电影院和其他娱乐设施，同时还有体育和健身设施，还会举办专业的网球和板球等体育赛事。拥有现代的购物中心，设计师精品店使购物成为一种令人兴奋的体验。金奈还提供优质的医疗设施，其中有一些甚至是全亚洲最好的。

而泰米尔纳德邦与印度的其他邦相比也拥有明显的优势——基础设施水平增长明显，拥有充满活力的企业文化，高度熟练的和成本较低的人力资源，以及和谐的劳资关系。这些让它成为信息技术产业的理想目的地。

3. 人才库

金奈每年会从 54 所大学和 498 所工程院校毕业一批受过良好教育的年轻人。这是金奈的一笔巨大财富，也是它的另一个优势。目前该国高技术软件人才中泰米尔人占了 64%。

每年泰米尔纳德邦约有 192 000 个工程师从工程院校毕业，而且这个数字在不断地增长。目前，每年从泰米尔纳德邦毕业的 192 000 个工程师，就有 68 000 个人学习的是信息技术相关学科，且毕业于优秀的教育机构，如 IIT、钦奈安娜大学等。

泰米尔纳德邦的软件出口总额已经从 1996—1997 财年微不足道的 16.1 亿卢比增长到了 2002—2003 财年惊人的 631.6 亿卢比，且继续以超过 95% 的年增长率增长。2002 年硬件出口总额达到 580 亿卢比。目前有超过 33 000 名专业人员在泰米尔纳德邦工作，因此，泰米尔纳德科技园拥有全国最大的专业人力资源蓄水池。

4. 基础设施

泰米尔纳德科技园在金奈城市内，离国际机场大约 12 公里。该科技园的占地面积约 130 万平方英尺（约 120 774 平方米），而且以较为快速的速度在 15 个月时间内完成建设，是国际知名的科技园区。在 2000 年 7 月 4 日该科技园项目完成后，短短 4 个月内园内空间就被大量的跨国软件公司完全占领。科技园的主要基础设施包括：

（1）电力系统。

科技园从公共设施引出两条独立的供电线来保证不间断的供电，同时，由一个 100% 备用的自备电厂进一步支持。

（2）通信网络。

电信连接由 7 个独立的来源如 BSNL、VSNL、STPI、Bharti、Reliance、塔塔电信、电网提供全面的通信设施。

（3）宽带连接。

由 OFC 骨干负责互联网和大数据量处理，建有 ISDN 和视频会议用的无线宽带。

（4）IBMS（智能大厦管理系统）。

拥有自动化的能源管理系统，连接大厦的控制和安全系统。

（5）火灾自动报警系统。

（6）公共广播系统覆盖整个场所。

（7）空调和通风机。

全自动环保型中央空调系统，可以根据每个人的需求调节空调制冷级别。

（8）消防系统。

园区内有先进的消防系统，如全自动喷水灭火系统。

（9）停车场。

园区拥有覆盖全区的、开放的停车场，保证了园区拥有足够的停车空间。

（10）高速的电梯和自动扶梯。

为使用者提供足够数量的高速、高安全性的电梯和自动扶梯，同时为服务商提供单独的服务电梯。

（11）报告厅。

新产品的推出、讲座、研讨会和培训课程都可以在该报告厅举行。拥有 650 个座位、1 个大型的讲台，并拥有高质量的数字音频设备和优良的音质。

（12）会议厅。

为大型会议、研讨会和培训课程所准备的会议厅，配备有先进的视频会议设备。

（13）促销区。

泰米尔纳德科技园拥有三个促销区：第一、二促销区适合用来促销任何产品、概念和服务，第三促销区位于开放的停车场内，可展销两轮车和四轮车。促销区不会被用来促销任何与社会不相容的产品和服务。

除此之外，在泰米尔纳德科技园创建的新设施还包括：随处可见的银行、种类齐全的餐厅、小型超市、邮局、提供全球各地新鲜食物的国际食品购物中心、健身俱乐部，以及污水处理厂等。由于科技园每天消耗在厨房、卫生间、清洗衣物、园林绿化、工厂操作等方面的用水量高达 3.5 万升，为了保护水资源，该科技园投资 20 亿卢比安装了一个生态友好的生态膜技术设备来回收利用污水，处理后的水可循环用于绿化、冲厕等。

5. 愿景和任务

（1）愿景。

泰米尔纳德科技园的愿景是为 IT 企业提供环境友好的、高品质保障的服务，使得园内企业获得竞争力的同时不断努力改善和提高产品质量标准。

（2）任务。

泰米尔纳德科技园的任务是作为一个先进的信息技术园区，不断改善园区的服务，提高客户的质量标准。

（3）质量与环境承诺。

泰米尔纳德科技园以提供综合的、全面的服务和符合严格质量标准的设施为己任，不断地致力于获得国际认可的标准。

泰米尔纳德科技园的成功应归功于其入驻企业、服务提供者和组织者。来自政府和私人企业不同部门的拥有丰富经验的各领域专家，在科技园这个代表质量、专业和成长的地方一起工作，与科技园一起成长和进步。同时，泰米尔纳德科技园为其成员企业提供安全的支持服务，使得该科技园成为 IT 企业在印度的目的地之一。

六、咨询科技园（Infopark）

咨询科技园建立于 2004 年，位于印度科钦（Kochin），是隶属于喀拉拉邦政府的一个新的科技园。为了启动该项目，政府将 100 英亩（约 404 685.6 平方米）的土地划归给了咨询科技园，建立了一个由政府全资拥有的独立的科技园。

1. 地理位置

科钦位于印度的西南岸喀拉拉邦的埃尔讷古勒姆区（Ernakulam District），在锡鲁万纳塔普拉姆城北约 220 公里处，是印度的一个主要港口城市。其面对阿拉伯海，拥有优良的海港，水上运输非常发达，被誉为"阿拉伯海之皇后"；同时，它更是印度喀拉拉邦最大的城市，其地域包含埃尔讷古勒姆市、柯枝古城、贡巴兰吉和外围岛屿。科钦和许多其他南印度城市一样，正逐渐成为信息技术的中心。

Infopark 坐落于埃尔讷古勒姆区的 Kakkanad 村，距科钦的城市中心 12 公里，距科钦国际机场 22 公里，通过一条 4 车道的"Infopark 高速公路"与海港机场路相连接。目前，埃尔讷古勒姆区管理部门，包括科钦的城市管理部门，提出建立水路将咨询科技园与科钦进行连接，以使该科技园能够更加方便地与外界连接。

2. 基础设施

Infopark 园区分为特别经济区和非特别经济区。在 Infopark 现有的土地中，印度商务部已把其中 80 英亩（约 323 748.5 平方米）划作特别经济区。园区内已开发的基础设施被分为多租户的设施和个人自建设施。

Infopark 自有的基础设施主要包括三栋主要建筑：Thapasya、Vismaya、Athulya。Leela Soft、L&T Techpark 和 Brigade Enterprises 等企业作为共同开发者也在该科技园内建造满足自己需求的基础设施。尽管科技园为 IT 企业提供了办公室空间选择方案来满足它们的预算和需求，但是仍旧有一部分私人 IT 园区由 Wipro、TCS 和 IBS 软件等企业所建造。Infopark 一期，总建筑面积超过 500 万平方米，科技园里设有餐厅、银行柜台、ATM 机、商场等。

通过从附近的一个柴油机发电厂接入专用的 110 kV 线路，科技园能够为成员企业提供不间断的电源。同时，智能商务中心有包含 3 个数据、3 条声线的网络环境，为企业选择宽带提供商提供了多种可能。科技园还为每个单元用户提供空调和可靠的 UPS。

总之，低租金和高质量的园区设施使得 Infopark 成为创业企业的理想选择。

3. 教育机构

Infopark 拥有一个著名的研究教育机构，这就是由印度科钦管理学院在 Infopark 的 Athulya 设立的第一所分校。这所分校最初提供一年的高管 MBA 项目以及两年的兼职项目。另外，还有一些短期和长期的管理发展计划课程。

4. 分支机构

Infopark 将分支机构开设到了附近的城市和乡村，它拥有两个分支机构：Infopark Thrissur 和 Infopark Cherthala。Infopark 恰位于能够连接 Infopark Thrissur 和 Infopark Cherthala 的枢纽位置。

为了发展喀拉拉邦的信息技术产业，科技园采用此"轮辐式模型"进行建造。Infopark 作为中枢纽带带动了位于 Infopark Thrissur 和 Infopark Cherthala 的两个分支机构的发展。

（1）Infopark Thrissur。

Infopark Thrissur 位于距科钦 45 公里远的 Koratty，离位于 Nedumbassery 的科钦国际机场大约 20 公里，离 47 国道非常近。目前的 Infopark Thrissur 占地面积约 30 英亩（约 121 405.7 平方米），预计在不久的将来该科技园的面积还会扩大。园区基础设施的齐全，靠近机场和国道，能够保证提供不间断的电源、水和网络连接，因此已经让许多 IT 企业开始对它产生浓厚的兴趣。

（2）Infopark Cherthala。

Infopark Cherthala 位于喀拉拉邦阿拉普扎（Alappuzha）地区的帕里普兰村（Palli-puram），属于印度西南沿岸。该园区总面积为 66 英亩（约 267 092.5 平方米），其中 60 英亩（约 242 811.4 平方米）已在 2009 年 6 月 8 日由印度政府的商务部宣布作为特别经济区。该园区内的 IT 大楼装备精良，为 IT 企业配备了餐厅、会议厅、洽谈室、游戏区等。

5. 收入和增长

在过去的几年里，Infopark 的收入一直在以惊人的速度成长。在 2008—2009 财年科技园的收入增长了 87%，达到 463 亿卢比。Infopark 注册的出口收入在 2010—2011 财年为 750 亿卢比，在 2011—2012 财年为 1 095 亿卢比，在 2012—2013 财年为 1 534 亿卢比。2013—2014 财年 Infopark 的出口收入依旧增长强劲，收入同比增长 53%，达到了 2 350 亿卢比。

这个建立时间不长的科技园，与印度其他科技园相比，在公司数量和软件出口上，表现出了巨大的增长潜力。Infopark 为公司降低工作成本，雇用有才能的专业人士，以及为降低磨损率提供了有利的机会。目前，Infopark 已经建造了超过 300 万平方英尺（约 278 709.1 平方米）的工作空间，在接下来的几年里，工作空间将翻番至 600 万平方英尺（约 557 418.2 平方米）。在 2015—2016 年，科技园还将产生超过 10 000 个额外的工作机会。

2014 年 12 月 10 日，Infopark 迎来了它的 10 周年庆。经过这不平凡的 10 年，Infopark 已经在科技领域占据了较大的发展空间，配备了世界一流的设施和政策环境，使各大企业在园区内成功运行。同时，在 2004 年建立了 Infopark 之后，也使得科钦成为全球 IT 企业最炙手可热的目的地。

第四节　印度软件科技园发展对我国的启示

2006 年，我国商务部提出"千百十计划"，确立了 21 个"中国外包示范城市"和 84 个服务外包示范园区，其对全国离岸合同执行度的贡献率达到了 95%。半年来，虽然我国的园区发展迅速，但园区存在同质化严重、品牌知名度低、本土大型企业少和复合型人才短缺等问题，导致中国服务外包产值在全球所占份额不足 4%，只有印度的 1/10。

一、将园区发展作为加快服务外包业发展和经济增长方式转变的重要手段

改革以来，中国取得了举世瞩目的发展，但这样的成就背后却代价沉重：巨大的资源消耗、严重的环境污染、低廉的劳动力收入，背负着"倾销"的罪名却只能收获微薄的利润。反观印度，虽然经济总量不如中国，发展中也存在诸多问题，但从资源投入产出比和可持续发展的角度看，印度经济运行确实比中国更为稳定和安全，因为其驱动力主要来自资源能耗低、污染小和发展潜力大的服务业。印度的服务业增长很大程度上是通过软件业的高速增长实现的，而软件科技园则对软件业的发展起到了至关重要的作用，并借此帮助印度绕过储蓄率低、基建落后和外国直接投资有限等制造业发展的制约因素，另辟蹊径形成了服务业主导型的经济增长模式。近年来，中国也一直寻求产业结构升级和经济增长方式的转变，不妨学习印度的经验，将园区发展与产业升级和经济增长方式转变联系起来，重视发挥园区集聚效应和知识溢出等，纵向推进服务外包产业升级、横向带动相关产业发展，利用服务外包业的知识性与环保性等产业特质促进本国经济的低碳化发展以及 GDP 的绿色增长。

二、重视政府在软件科技园建设中的作用

印度软件科技园的发展离不开政府的战略规划和政策扶持。另外，印度软件科技园也具有很高的市场化倾向，园区产业集群形成大多是企业的自主选择，STPI定位更像是企业管理者而非政府代理人。而中国对园区的扶持属于政府主导型，对硬环境建设的推动效率很高，但软环境建设则显得不足；此外，政策推动模式还会造成园区的独立性不强和同质化发展等问题。因此，政府在加大对园区及企业直接支持的同时，还应科学引导园区建设。一是要实施国际化布局，如鼓励在海外设立园区或自建离岸研发中心等。二是要加强对领军型企业的扶持。中国软件出口20强企业业务总额比不上印度塔塔的业务额，中国没有一家企业员工数达到塔塔员工数的1/10，如此悬殊的竞争力差距只有通过政府扶持才能尽快缩小。三是要引导园区的科学规划。中央要进行统一规划，避免各地为追求GDP增长而盲目兴建园区，可以学习主中心带动梯队次中心发展的印度模式，减少地区间产业同质化竞争问题，并通过加大对外包城市和整体产业的包装以增进品牌效应。四是要营造良好的发展环境。要不断推进信息安全立法并加大知识产权的执法力度，借此解决关键数据和含有核心知识产权的服务业难以向国内转移的问题；同时还应借鉴印度模式建立科学的软件人才培养体系以满足园区对各层次人才的需求，尽快解决部门管辖权和职能司局利益切割问题，建立能够媲美印度软件和NASSCOM的统一的服务外包行业组织。

三、探索软件科技园发展模式的创新

从印度的经验来看，要促进软件科技园的发展，除了政府扶持和市场机制作用的发挥外，软件园的自身建设与发展模式也至关重要。科学的软件科技园发展模式的形成，需要从选址、开发、运营、管理与专业化服务体系等方面进行探索和优化。第一，选址要考虑所在城市的资源禀赋，如基础设施、人力资源和产学研基础都是重要的考量指标；第二，软件科技园开发的投资风险大，可以考虑投资组合的多元化和国际化；第三，科学制定园区产业定位和发展目标时可以走差异化和专业化发展道路；第四，逐步实现园区经济转型，将园区打造成和谐共生的产业生态系统集群，实现区域内有交互关联性的外包企业、专业化供应商、金融机构、相关产业的相互融合与共生；第五，提升园区的管理和专业化服务水平，为集成物理园区、网络平台和服务体系"三位一体"的立体化园区建设提供增值服务。

第八章　服务外包的支撑：政府作用

第一节　印度服务外包产业发展现状及特点

早在 20 世纪 60 年代，印度的信息技术类学院就蓬勃发展，为软件和服务外包产业奠定了人才基础。1999 年，印度政府进一步加大了对软件和服务外包的支持力度，自此，该产业呈现出快速增长的态势。目前印度已成为"世界办公室"，其业务也由最初的简单编程和维护工作向产业价值链的中上层延伸，大公司占据了产业的主导地位，前五大公司占整个产业销售收入比重达到 40% ~ 50%。经过多年发展，印度的软件和服务外包产业形成了以下特点：

一、产业持续快速增长

自 20 世纪 90 年代以来，印度软件产业迅速崛起，多年来保持了高速增长的态势。1990 年，印度软件产业年产值总计只有 1.9 亿美元，到 2008 年已迅速增长到 521 亿美元，年均增速高达 36.6%。2009 年，由于受到金融危机的影响，印度软件和服务外包产业增速有所放缓，同比增长达 12.9%，产业规模为 588 亿美元。根据 NASSCOM 的统计，2010—2011 财年，印度服务外包业产业总值已达 881 亿美元，占印度国民生产总值的 6.4%，占印度整个出口（包括硬件）的比重由 1998 年时的不足 4% 大幅上升到 26%。2009 年，印度在全球软件外包市场中的份额为 51%，以后逐年增加，2010 年为 55%，2011 年达到 58%，2012 年仍然维持在 58%。2012 年印度软件及服务外包产业总产值已达到 1 000 亿美元，直接雇用约 250 万人，成为印度国民经济中举足轻重的经济部门。

二、产业集聚效应明显

被称为"印度硅谷"的班加罗尔国际科技软件园，是印度最大、最著名的软件科技园。目前，印度全国有 43 个城市开展了软件和服务外包业务，班加罗尔、金奈、海德拉巴、新德里、孟买、浦那等城市是印度软件和服务外包的领先城市，业务收入占据了印度产业规模的 90% 以上，其中班加罗尔产业规模占印度整个产业的 36%。随着产业规模的扩大，印度软件和服务外包产业逐渐向二线城市转移，预计到 2018 年，二线城市软件和服务外包产业从业人员占印度整个产业从业人员的比重将由 2008 年的不足 10% 增长到 40%。

三、以服务外包为主的出口占据了产业的主导地位

2001 年，印度软件和服务外包产业的出口额为 80 亿美元，之后步入高速发展轨道，9 年之内增长了 6 倍多，到 2010 年就增加到了 590 亿美元。2007—2009 财年，印度软件和服务外包产业出口额所占比重分别为 79.2%、77.5% 和 78.7%，2010 年达到 80%。在 2009 年软件和服务外包出口中，服务外包占据了整个出口额的绝大部分市场，其中 ITO 和 BPO 分别占 57.2% 和 27.4%，而软件产品及嵌入式软件出口所占份额很低。2013 年 11 月 22 日，NASSCOM 预计本年度印度软件和服务外包贸易出口额或将突破 860 亿美元。

四、形成了以欧美市场为主的出口多元化格局

目前，印度软件和服务外包已出口到全球 100 多个国家和地区，其中欧美市场多年来占据了 90% 以上的比重。近几年，英国、欧洲、亚太等其他地区保持了较快增长，美国市场所占比重有所下降，但 2008 年仍占 60.2%。2004—2008 年间，印度软件出口额年均增长为 33.3%，美国市场增速仅为 28.7%，而英国、欧洲（英国除外）、亚太地区的市场年均增速分别高达 41.8%、51.4% 和 42.1%，以欧美市场为主导的出口多元化格局正在形成。

五、本土和外资企业共同发展

在 ITO 领域，印度本土企业占据 65%～70% 的比重，外商投资企业及其分支机构占据了 30%～35% 的比重；在 BPO 领域，印度本土企业占据 45%～50% 的比重，外商投资企业及其分支机构占据了 50%～55% 的比重。很多跨国公司在印度建立了交付中心。

第二节　产业政策的演变和作用

早期的印度服务外包产业以外包为主，印度软件产业政策在其经济发展的不同时期有很大的差异，需要研究其政策演变才能洞察软件外包产业发展的原因。

一、第一阶段：1984 年以前——限制管制阶段

20 世纪 50 年代至 80 年代初，印度实行一种"社会主义类型"经济发展战略，通过"许可证"制度对国民经济实行全面的管制，甚至被称为"许可证之国"。制造业、金融等各个领域都有严格的进入壁垒，政府实行进口替代战略，企业所有经营活动都要经过政府审批，私营部门不允许涉足公营部门的专有领域。这一政策使印度经济孤立于世界经济，扼杀了企业家精神和创新意识。虽然印度政府认识到了软件产业的重要地位，将软件产业作为出口创汇的工具，希望软件开发企业将进口计算机硬件用于软件开发并出口软件，但实际出口表现并不好，并且由于与国际市场隔离，软件产业没有发展起来。

印度政府于 20 世纪 70 年代初开始严格限制计算机的进口，并且明确计算机工业由公营部门的印度电子有限公司（ECIL）负责生产经营，并采取了一定的措施促进软件的出口。1973 年，政府在孟买成立了电子出口加工区；1974 年颁布了《软件出口指南》。1976 年 7 月，政府出台政策，鼓励海外印度人到印度投资，规定只要承诺出口额与进口额相等，就可用进口计算机成立软件公司，硬件进口关税从 100% 降到 40%。

二、第二阶段：1984—1990 年——放松管制阶段

1984 年 11 月，印度政府颁布了新的计算机政策。政策规定，除外资占 40% 以上的企业外，微型计算机向所有印度人开放，取消生产能力的限制，简化进口程序，降低关税。在软件方面，设立软件发展促进局，以开拓国内、国际市场；降低软件进口关税。新政策认为，如果印度想成为软件大国，就必须从数量和低附加值的产品出口开始，逐渐向价值链高端转移。因此，新政策使印度软件产业发展伊始就带有服务重于产品的特征。

1986 年 12 月，印度政府颁布了《计算机软件出口、开发和培训政策》，为软件的发展创造各种条件，如提供资金、组织人员培训、简化投资和进口的手续、减免国内货物税以及规定为生产全部用于出口而需进口的设备可免纳关税等。

为促进软件出口，政府和行业主管部门相继成立了协调管理机构。1988 年，商业部发起成立电子与软件出口促进委员会，负责开拓市场，提供合同，扫清出口障碍。同年，软件行业也成立了自己的贸易机构——NASSCOM。

这一阶段印度政府的软件发展政策是：希望通过提供国外技术发展的便捷通道和鼓励外商投资产生多米诺骨牌效应，"扶持国内成千上万的小型软件公司，从而既增加出口，又促进本国软件技术的发展"。同时，政府希望软件产业能独立自主，政府只提供基础设施支持和促进服务。

三、第三阶段：1990 年以后——大力扶持鼓励阶段

20 世纪 90 年代初，全面的自由化经济改革解放了印度经济，印度政府开始对软件产业以及软件与服务外包产业给予全面的政策支持，服务外包产业获得了迅速发展的机会。

20 世纪 90 年代初，印度面临严重的外汇收支危机，拉奥政府被迫接受 IMF 的条件，进行了包括经济、金融、电信等方面的全面经济自由化改革。1991 年 7 月 24 日，印度政府颁布了《新工业政策》，允许外资进入几乎所有的经济部门，放宽许可证，简化新公司的准入手续。

1992 年，印度允许外国直接投资；1997 年，印度允许软件企业参股合资企业，并用前 3 年创汇额的 50% 在国外成立独资企业。在税收上，政府对软件企业也实行一些优惠。

这一时期另一项重要改革是电信业管制的放开。改革前，电信业完全为国有公司控制。1994 年 5 月，印度政府宣布了新电信政策（NTP94），主要改革措施有允许新进入者提供基本电话服务，确认私人企业是增值服务的主要供应商，鼓励能够带来新技术和管理经验的外资领先项目等。1999 年，印度再次出台新的国家电信政策（NTP99）。其要点包括：政府在 2000 年 1 月 1 日起完全开放印度电信部垄断提供的印度国内长途电话业务，允许自由竞争。2004 年 3 月，印度政府通过了一项新政策，允许电信业的兼并行为。

2003 年 2 月，印度电信主管部门决定将移动运营商从双向收费改为单向收费。2005 年 8 月，最低移动电信资费降低到 0.5 卢比 1 分钟，约合人民币不到 9 分钱。2006 年初，长途和漫游费降到 1 个卢比，约合人民币 0.17 元。

经济改革以后，印度政府意识到自己在信息技术经济中的优势地位，开始有意识地加强对 IT 产业、IT 驱动服务业、服务外包产业的支持。1998 年印度制订了《2008 年印度信息技术行动计划》，要求各政府部门根据这一计划，制定和修改相应的法规和政策，形成国家信息技术政策体系。该计划大大促进了印度软件产品和信息技术产品的出口。印度政府在信息技术部设立了软件开发局和国家软件开发中心，对世界软件发展方向和前沿技术进行跟踪研究。印度政府设立了软件产业发展风险基金，实行经

费政策倾斜。1998 年政府提供了 10 亿卢比的金融风险基金，通过企业发展银行以低利率向软件公司发放贷款。在 2001—2002 年的政府财政预算中规定，对软件产业实行 15 年不加税的优惠政策。这一计划还建议，每一个政府部门都要将 2% ~ 3% 的预算用于发展信息技术。

第三节　软件科技园及相关财税政策

1984 年改革以后，跨国公司对通信基础设施的需求直接推动了软件科技园的启动。当德州仪器要在班加罗尔设立印度第一个卫星地面接收站时，被发现违背了 25 条政府法令，政府必须取消这些法令，或者为德州仪器破例。例如，从法律上讲，只有电信部可以拥有、建立，并运营卫星地面接收站和相关设备。为了绕过这些障碍，印度政府做出了一个特殊安排，即由德州仪器购买设备，但是具体操作上是德州仪器从电信部租用这些设备。德州仪器的例子引发了印度国内对软件科技园区的讨论，最终促成了软件科技园计划的推出。

1990 年，当时的印度电子部部长维塔尔推出了软件科技园计划。按照这一计划，企业进口设备不需要进口许可证，也不需要支付进口关税，从国内购买的设备也免除货物税；同时允许外资设立 100% 股权的企业，并且在支付了必要的税收后，可以自由地撤回资本投资、许可费和红利。作为交换，企业必须履行出口义务：四年内出口额必须等值于硬件设备的 150%，每年必须获得等值于年工资总额 150% 的收入。管理方面，软件科技园计划为投资者提供了一个一站式服务机制，实行单一窗口，由软件科技园区董事会办理出口定价、进口许可证和关税等全套手续。

第一批软件科技园于 1990 年在浦那、班加罗尔和布巴内斯瓦尔设立。1991 年，又在诺伊达、海德拉巴等三地设立了新的软件科技园。软件科技园提供了必要的基础设施，包括基本的计算机设备、可靠的电力供应、办公室和高速通信设备、互联网接入、远程登录和视频会议。也提供考虑小型企业的需要办公室和共享的计算机设备。软件科技园还提供了技术评估、市场分析、培训组织等服务。到目前，印度共有 20 个世界著名的软件科技园。

目前，印度对软件和服务外包企业的主要财税优惠政策有以下两大类。

（1）软件科技园区内的优惠政策。

无论本国企业还是外资企业，只要是进入了软件科技园区，印度政府都实行优惠政策：免除进出口计算机软件的双重赋税；放宽中小企业引进计算机技术的限制；允许外商控股 75% ~ 100%；全部产品用于出口的软件商可以免征所得税；在软件科技园区注册的企业可享受 10 年免缴所得税；进口软件设备免税和加速折旧；在特别经济区成立的企业，前 5 年减免 100% 出口所得税，随后两年，甚至到 2009—2010 财年以后，减免 50% 出口所得税；外商向信息服务部门（互联网、电子邮件、电子商务）投资 100% 控股可自动获得政府核准。

（2）鼓励软件出口的优惠政策。

印度已经有 19 个邦规定，对软件技术和产品进出口都实行免税，以此鼓励本地和国外的软件企业创业。其基本内容包括：实行零税赋政策，政府对软件产业实行零关税、零流通税和零服务税，允许出口商选择缴纳关税的方式，免除进出口软件的双重赋税；对于出口企业，可从总收入中减免 50% 的出口利润税，2003—2004 财年限定减免 30% 的的税收，以后不再减免；计算机软件或电影软件、电视软件、音乐软件出口，可从出口总收入中减免 50% 出口所得税，2003—2004 财年限定减免 30% 税，以后不再减免；软件产品在未来 3~5 年内不征收销售税；凡软件产品全部出口的企业，免缴所得税；外资控股可达 75%~100%；为了提高进口计算机质量，引进国外先进技术，政府放宽了对计算机进口的限制，允许进口计算机技术的企业资产限额从 2 亿卢比降至 100 万卢比；放宽对计算机进口的限制，大幅度降低关税。

第四节　营造良好的社会发展环境

一、重视中介机构作用

NASSCOM 在推动印度软件外包产业发展方面起到了积极的作用。

NASSCOM 是一个非营利组织。该组织的主要目的是促进印度软件驱动 IT 产业的增长，其他的目标还包括：促进软件与服务贸易的便利化，鼓励、促进该领域的研究，普及教育、推进就业，促进印度经济增长，通过鼓励全球外包使全球经济体都获益。NASSCOM 成员企业总数稳定增长，1988 年，NASSCOM 只有 38 个成员企业，其收益总和占软件行业的 65%；但目前已经达到 1 200 多家，占印度软件产业总收益的 95% 以上，并雇用了 230 万专业人员。

NASSCOM 在印度服务外包产业发展中发挥了不可或缺的作用。

1. 推动电信产业开放和私有化

NASSCOM 通过多方交涉最后促成政府开放电信业，实施电信产业私有化，结果使印度软件技术园的电信供应商从 1 个发展到 150 个，VSNL 网络连接费用从原来的每小时 30 卢比降低到包月 500 卢比。对于经常需要 24 小时不间断网络连接的软件外包企业来说，这项政策大大减低了运作成本，尤其是对资金缺乏的中小企业来讲更是性命攸关。

2. 推动政府颁布反盗版法，协助警方破获盗版案件

面对 20 世纪 90 年代初日益猖獗的国内盗版问题，NASSCOM 及时推动政府颁布了反盗版法，并在 1995 年 8 月主导成立了反盗版热线，对提供有效情报的举报人给予一定的奖金，有效地遏制了盗版问题。它在成立后的最初 15 个月内，反盗版热线就收到

了6 000多条有效举报线索，协助警方破获了大量巨额的盗版案件，增强了国内民众的知识产权保护意识，提高了国家软件和信息技术领域内的知识产权保护力度。

3. 规范软件外包业务流程，创建外包业务发展论坛

为方便国内企业承接 BPO 业务，NASSCOM 把与软件产业有关的信息分成新兴公司、创新、人力资源等几个组成部分；并建立相关的论坛，为成员之间互相交换观点、进行商业联系、交流业务心得提供重要平台。每个论坛就相关领域的国际国内环境分析、国家软件出口政策、近期焦点问题、潜在威胁和机遇分析、市场发展趋势、技术走向等方面进行专题讨论，就国际软件市场潜力、数据库、市场渠道、价格及价格分布结构、数据通信、人才需求以及相关硬件发展条件等进行分析，并由业界有影响的机构和分析师定期做出分析报告，以使成员企业及时把握国际市场信息，了解全球不同国家的商务知识，包括税收、立法、移民政策、征兵以及商标等方面的资讯和政策。目前，NASSCOM 已经是印度服务外包产业数据、趋势的权威统计部门和发布者。

二、着力发展高等教育

印度政府历来重视高等教育，并对教育给予大量财政投入。目前印度高等教育和技术教育机构数量众多，是促进服务外包产业发展的重要因素。

印度高等教育发达，在发展中国家中名列前茅，是高等教育发展的大国。印度拥有的科技人员总数居世界第三位，仅低于美国和俄罗斯；懂英语的技术人才居世界第二位，仅次于美国。根据印度人力资源开发部发布的 2001 年的教育统计公报，印度有237 所大学，10 600 所学院，在校生 707.8 万名，教师 33.1 万名。237 所大学中，除38 所专业大学外，均为综合大学，每所大学有几十到几百所附属学院，学科门类齐全。

20 世纪 50 年代，印度仿照美国麻省理工学院的做法，在全国陆续建起了 6 所"印度理工学院"（目前已有 7 所）。这些学院从印度各地招收最优秀的学生，聘请世界各国知名学者授课，其毕业生质量堪与美国麻省理工学院的毕业生媲美，逐渐成为缔造印度 IT 产业大厦的精英。

印度鼓励私营部门积极参与信息技术人才培训。尽管其学历不为政府所承认，但各信息培训公司仍然生意兴隆，仅私营国家信息技术学院及安得拉邦技术学院，每年就要对 30 万人进行信息技术资格培训。

自独立以来，印度政府对高等教育的重视和持续的经费支持是高等教育发展的重要原因。为了发展高等教育，印度政府不断增加对高校的经费投入，一般占全年教育经费的 20%，有时更多。据有关部门统计，印度政府对高等教育的开支第一个五年计划为 1.4 亿卢比，第二个五年计划为 2.8 亿卢比，第三个五年计划为 8.8 亿卢比，第四个五年计划为 17.5 亿卢比，第五个五年计划为 29.2 亿卢比，第六个五年计划为 48.6亿卢比。由此可知，高等教育经费在不断增加，而且增长幅度较大。自 20 世纪 60 年代以来，印度政府教育支出占政府全部支出的比重始终保持在 11% ~ 13% 之间；1961—1962 财年，这一比重为 11.7%；2000—2001 财年，这一比重达到了最高，为 14.42%；

2004—2005 财年，这一比重为 12.76%。

印度在第十一个五年计划期间大幅增加教育投入，计划将公共教育经费占国内生产总值（GDP）的比例从 3.7% 提高到 6%。"十一五"期间中央政府的教育投入总量预计达到 2.7 万亿卢比，是"十五"期间的 4 倍多，实现历史性突破，凸显印度政府把教育放在高度优先发展战略地位的决心。为筹措教育经费，2004 年印度从中央主要税种中征收 2% 的教育税，用于发展初等教育；2007 年征收 1% 的教育税，用于发展中等和高等教育。在经费内部分配比例上，义务教育和成人教育占 50%，中等教育 20%，高等教育占 30%。考虑到不少邦财政能力仍然薄弱，"十一五"期间中央和邦分担比例在头两年为 65∶35，第三年为 60∶40，第四年为 55∶45，此后为 50∶50，对东北部地区发展较为落后的各邦中央分担 90%。

三、严格保护知识产权

印度知识产权保护法律体系经历了一个发展过程。20 世纪 90 年代以前，印度的软件产业和其他发展中国家一样，备受盗版猖獗、知识产权保护不力两大问题困扰。1994 年，印度议会对 1957 年的《版权法》进行了彻底的修订，于 1995 年 5 月 10 日正式生效。从内容上来看，该法是世界上最严格也是最接近国际惯例的版权法之一，它除了明确规范版权人及使用者的权利、责任、义务及利益之外，还依据 WTO 中《与贸易有关的知识产权保护协议》（TRIPS）的基本原则，首次将计算机软件列入保护范围，对数据库知识产权、以源代码或目标代码表达的计算机程序、著作出租权的保护范围、权利限制与作品的合理使用等方面进行了重大调整，进一步向国际惯例和 WTO 的有关协议靠拢。更重要的是，该《版权法》对侵犯版权的行为规定了严厉的民事与刑事指控，根据其违法情节可处以 5 万到 20 万卢比罚款，或 3 年以下、7 天以上的监禁。

1999 年 12 月 30 日，印度进一步对《版权法》进行了修订，并于 2000 年 1 月 15 日正式实施。通过此次修订，印度《版权法》实现了与《与贸易有关的知识产权保护协议》（TRIPS）的完全接轨。此外，印度在 1999 年还颁布了《国际版权规则》，将版权的保护扩展至 WTO 所有成员。目前，除了《版权法》，印度的《信息技术法》《合同法》和《刑法》也都设有专门条款来保护知识产权。

政府相关部门也在为保护知识产权编织更严密的安全网。为了保护知识产权，除司法机构打击盗版外，信息技术部建立了"软件标准、测试和质量认证机构""计算机应急反应小组"等专门机构。人力资源发展部为警察开设了课程，专门讲授有关维护知识产权的相关法律知识。印度国家专利局计划于 2006 年底前将专利审查员名额增加一倍，达到 600 人，并考虑建议高等法院及最高法院增设专利及知识财产权速审法庭。

印度对知识产权的保护取得了成效。1995 年，印度的盗版率就有显著下降。2002—2006 年，其盗版率下降了 10 百分点，为 GDP 增加了 21 亿美元的产值，创造了 4.8 万个新工作岗位。而且，印度软件产品得以免受美国 301 条款的制裁，源源不断地出口美国，西方跨国软件企业到印度投资设厂及建立软件研发机构的意愿也大大提高。

第五节　印度经验对我国的启示

一、政府的正确定位

印度服务外包产业的发展历史表明，需要对政府在产业发展中的作用进行正确评价。政府在产业发展中的作用是在发现本国具有比较优势的产业后，适时地调整政策，为这些优势产业的发展创造健康的环境。

印度服务外包产业的迅速发展并不是政府政策有意为之。虽然印度政府在很早的时候就开始支持计算机产业的发展，但是仍然是通过隔断国内外两个市场，建立起先进的计算机产业，其结果就是市场为国有企业一家垄断，技术落后，无法进行商用推广。20世纪80年代后半期，拉吉夫·甘地开始进行改革，推动本国计算机等高技术产业的发展，但其发展的目标仍然是本国自己拥有完全产权的计算机硬件和软件，不是软件外包这类完全为别人代工的产业。早期，印度所谓服务外包很多都是纯粹的数据录入业务。到了20世纪90年代初，由于严重的国际收支危机，所有能够增加外汇的贸易行为都被放行，而在服务外包领域又没有印度原来的大型国有企业来垄断业务，这一产业才在竞争中快速发展起来。在经历了"千年虫"危机后，印度的能力和离岸服务外包这一业务模式得到了美国和西欧的跨国公司的广泛认可，服务外包产业的地位越来越突出。

在这之后，印度政府的政策转向支持服务外包，将其视同IT类企业，并通过兴建特别经济区、软件科技园，以及税收等方面的特殊政策来促进其发展。印度在20世纪90年代进行的一系列经济改革、金融改革和电信改革为服务外包产业的发展创造了良好的、能够促进业内良性竞争的商务环境。政府也积极通过各种严格的立法，设立举报电话等方式来打击盗版，保护知识产权。这些政策使印度在面临其他处于同等发展水平的发展中国家的竞争时，仍然能够保持自己优异的商务环境，保持外包首选地的地位。

二、充分利用经济全球化的机会

印度服务外包产业是印度经济增长的引擎，不仅带动了GDP和就业，也在很大程度上改变了印度人的生活方式。这一产业的快速发展，与印度在20世纪90年代初对外开放，顺应经济全球化的浪潮进行经济体制改革是分不开的。

印度初始的软件外包产业没有得到国内政策的保护，外资可以自由进入，并且可以持有100%的股份。尽管该产业开始发展就必须面对国际市场，而且出现的外包企业都是跨国公司设立的全资子公司，专门处理母公司数据录入等低等级的BPO业务。但其发展仍然迅速。相比之下，印度得到国家政策保护的制造业发展远远比不上服务业的发展。软件外包产业在印度当时的经济环境中确实是一个"另类"。软件外包产业的发展是和国际机遇紧密联系在一起的。"千年虫"危机给了印度难得的发展机遇，而印度本国塔塔集团、Wipro 等企业发展壮大后，也借助各国开始积极吸引利用外资的机遇，开始向其他成本更低的国家扩张。

我国的开放进程和印度正好相反。我国是制造业先对外资开放，家用电器、汽车、洗涤剂等行业都是开放较早的，而服务业则开放较晚，电信、银行、保险、互联网接入等都还没有完全放开。

印度的发展经验和我国的发展经验都已经表明：对外开放，将外国企业引入本国，同时将本国企业推向国际市场，是促进本国产业健康发展的有效途径。在经济全球化的大趋势下，这是一个必然的选择。

三、通过经济改革降低交易成本

从印度的经验来看，真正对印度服务外包发展产生重要作用的是那些能够降低交易成本、促进竞争的经济改革。首先，自由化改革使国民经济彻底放开了管制，特别是电信自由化降低了国内的电信资费和网络接入费用。这项改革使印度外包企业能够以很低的成本接入全球互联网，这是服务外包发展的基本条件。其次，软件科技园政策在为软件企业提供网络接入设备、一站式服务，为小企业提供便利等方面，发挥了重要作用。这其中，印度信息技术部切实从企业自身的需要出发，为企业的健康发展创造各种便利，成为在 20 世纪 90 年代彻底的经济改革以前促进印度软件产业发展的重要推手。最后，各项税收优惠政策在促进软件外包产业发展中发挥了不可忽视的作用。

四、发挥行业协会的积极作用

NASSCOM 在印度软件外包产业的发展中发挥了重要作用。它不仅提供了一个业内讨论未来趋势、交流发展经验、推介印度外包的平台，更是印度 IT 业进行行业统计和调查研究、与国外重要咨询机构合作、发布行业数据的一个权威机构。更重要的是，NASSCOM 在政府相关政策制定中也发挥了积极作用。印度电信市场的自由化改革虽然不能完全归功于 NASSCOM 的提议，但是可以肯定该机构在其中发挥了重要作用。另外，NASSCOM 在行业标准的制定、人员培训的指导等方面也发挥了积极作用。

五、改善法律等制度环境

对知识产权的合理有效保护，不仅保护了外国投资者的利益，也保护了本国的软件产业。印度政府在这方面采取积极认真的态度，做出了很大努力。虽然收到的效果与预期还有差距，但这一方向是正确的。在发展中国家中，印度《版权法》与国际上通行的《与贸易有关的知识产权保护协议》（TRIPS）相关条款完全一致，是世界上对知识产权保护最严格的法律，它也已经成为发展中国家的表率。

参考文献

［1］陈慧萍. 印度服务外包产业发展的模式［J］. 思想战线，2009（s2）.

［2］托马斯·弗里德曼. 世界是平的［M］. 何帆等，译. 长沙：湖南科学技术出版社，2006.

［3］陈景华. 服务业离岸外移的经济效应分析［J］. 世界经济研究，2007（2）.

［4］董慧. 软件服务外包对比分析与发展路径［D］. 南京：南京财经大学，2007.

［5］杜英杰. 我国承接国际服务外包研究——基于中印两国的比较［D］. 南京：南京师范大学，2008.

［6］潘松. 我们向印度学什么［M］. 北京：机械工业出版社，2012.

［7］何纾丽. 印度 IT 及其相关产业发展的动因［N］. 中国质量报，2010－01－27.

［8］吴敏敏. Infosys 探索未来企业构建之路［EB/OL］. http：//soft. chinabyte. com/26/12487526. shtml.

［9］北江. 普雷姆吉让 wipro 成为印度的骄傲［N］. 中国企业报，2003－8－27.

［10］李玲玲. Wipro，围绕价值观建立品牌［J］. 软件和信息服务，2010（4）.

［11］龚伟同. Wipro："高级打工者"再次转身［J］. 商务周刊，2008（13）.

［12］科译. Wipro：机遇和成长［N］. 中国计算机报，2003－11－10（9）.

［13］张林才. Wipro：企业云应用正当时［N］. 电脑商报，2010－10－11（23）.

［14］王瑛. 国际外包业务承接企业的案例分析——以印度 Wipro 公司的发展为例［J］. 商场现代化杂志，2008（32）.

［15］史蒂夫·汗恩. 印度虎：印度高科技企业 Wipro 如何重写国际竞争法则［M］. 赵雪，译. 北京：电子工业出版社，2007.

［16］春叶. 印度 Wipro 收购花旗下属企业［N］. 电脑商报，2009－01－05（32）.

［17］段晓丹. 中印两国发展服务外包的比较分析［J］. 改革与开放，2009（5）.

［18］CHATZKEL. J. Establish a global KM initiative：the wipro story［J］. Journal of knowledge management，2004（6）.

［19］Holding onto new hires：Wipro and the problem of impersonal systems and procedures［J］. Strategic Direction，2009（25）.

［20］KUMAR P. Well begun, half done［J］. Strategic HR review，2009（2）.

［21］康路. Tata 集团：大象快跑的秘密［EB/OL］. http：//www. sina. com. cn.

［22］印度塔塔集团百年发展史：巨象崛起的故事［EB/OL］. http：//finance. www. sina. com. cn/leadership/sxysb/20070730/13333832810. shtml.

［23］李浩翔. 塔塔咨询服务公司名列全球 500 强绿色公司排行榜第 7［N］. 东方

网综合，2011 – 10 – 25.

[24] 王燕妮. 对塔塔集团发展的研究 [J]. 财经界：学术，2010 (23).

[25] 王悦承，袁钦玲，吴锋，等. 中国软件与 IT 外包产业以印度为镜 [N]. 中国计算机报，2006 – 03 – 07.

[26] 印度软件外包巨头 Satyam 陷财务造假丑闻 [EB/OL]. http：// www. educity. cn.

[27] 印度版安然欺诈案惊曝——虚报资金 10 亿美元 [EB/OL]. http：// www. sina. com. cn.

[28] Satyam 丑闻撞响警钟 [EB/OL]. http：//www. sina. com. cn.

[29] 公司出现财务丑闻 董事应如何作为 [EB/OL]. http：//baike. baidu. com.

[30] 萨蒂扬：真实的谎言 [EB/OL]. http：//www. sina. com. cn.

[31] 萨蒂扬审计失败案例分析 [EB/OL]. http：//wenku. baidu. com/view.

[32] 宋鸿雁. 印度 NIIT 软件人才培养的成功秘诀及意义解读 [J]. 职业技术教育，2008，29 (13).

[33] 王泉. NIIT 集团的国际化经营理论和实践研究 [D]. 上海：复旦大学，2007.

[34] 贺平. 从 NIIT 认识印度的软件职业教育 [J]. 计算机教育，2006 (6).

[35] 李洛，汪清明. 导入印度 NIIT 模式——提高高职软件人才培养水平 [J]. 比较教育研究，2004，25 (2).

[36] 张立. 浅析印度 NIIT 教育模式的特点与不足 [J]. 职业教育研究，2006 (11).

[37] 刘志成. 全面剖析 NIIT 教学体系 [J]. 计算机教育，2007 (9).

[38] 张立. 印度 NIIT 教育的特色探究 [J]. 中国职业技术教育，2006 (29).

[39] 陈凯杰. NASSCOM：印度 IT 软件和服务出口增长强劲 [J]. 中国经贸，2003 (12).

[40] 祁鸣. NASSCOM 在印度软件产业发展中的作用 [J]. 中国科技论坛，2007 (10).

[41] ANIL K GUPTA, HAIYAN WANG. The silk road rediscovered：how India and Chinese companies are becoming globally stronger by winning in each other's market [M]. New Jersey：Jossey – Bass，2014.

[42] 丁培，陈峰. 印度国家软件与服务公司行业协会开展产业竞争情报工作的做法及启示 [J]. 数字图书馆论坛，2011 (6).

[43] 巫伟钢. 依托政府紧跟市场促进服务外包业跨越式发展：印度 NIIT 考察的几点思考与启迪 [J]. 职业，2009 (23).

[44] 李艳芳，范力丹. 印度软件科技园发展的原因及启示 [J]. 南亚研究，2013 (1).

[45] 印度政府在服务外包产业发展中的作用及借鉴 [EB/OL]. http：// www. xzbu. com.

[46] 宋永辉，周晓燕. 中印两国承接服务外包的政府政策环境对比分析 [J]. 商

场现代化，2007（29）.

[47] 李雪娇，鲁凌飞. 印度发展现代服务外包经验及启示 [J]. 中国经贸，2009（24）.

[48] 韦有周. 印度服务外包发展情况及启示 [J]. 时代经贸（中旬刊），2007（SB）.

[49] 韩晶. 印度何以成为服务外包大国 [J]. 观察与思考，2007（23）.

[50] 段晓丹. 中印两国发展服务外包的比较分析 [J]. 改革与开放，2009（5）.

[51] 侯敬雯. 印度服务外包对外政策变迁的影响及启示 [J]. 现代管理科学，2012（6）.

[52] 张大龙. 印度服务外包的成功经验 [J]. 中国国情国力，2013（3）.

[53] 张大龙. 印度服务外包的成功经验及对我国的启示 [J]. 改革与开放，2013（1）.

[54] 纪思慧. 中国与印度承接服务外包比较研究 [D]. 吉林：延边大学，2012.

后 记

　　本书初稿写成之日，也就是 2014 年 11 月 26 日，恰逢国务院总理李克强主持召开了国务院常务会议，部署加快发展服务外包产业、打造外贸竞争新优势。会议指出，坚持改革创新，面向全球市场，加快发展高技术、高附加值服务外包这一"绿色产业"，促进大众创业、万众创新，推动从主要依靠低成本竞争向更多以智力投入取胜转变，对于推进结构调整，形成产业升级新支撑、外贸增长新亮点、现代服务业发展新引擎和扩大就业新渠道，具有重要意义。会议部署了发展我国服务外包产业的三条重要措施及具体要求。相信在本届政府的正确领导下，我国服务外包产业将会更加健康、更加稳健地向前发展，让中国服务外包产业再上台阶，走向世界。

　　本书是由广东外语外贸大学国际服务外包研究院、国际服务外包人才培训基地主持策划、资助出版的第三批培训教材中的一本。全书由广东外语外贸大学国际服务外包研究院教授黄立军博士策划、构思、统稿，并执笔编著了第一、三、四、八章以及第七章的第一、二、四节；广东外语外贸大学国际工商管理学院硕士研究生李旸执笔编著了第二、五、六章以及第七章的第三节。

　　本书在编著的过程中，引用和参考了国内外大量的研究成果，书后的参考文献已一一列出，在此一并向这些成果的作者表示衷心的感谢！由于时间紧促和作者水平有限，书中难免有一些错误和疏漏，敬请读者批评指正。

编　者

2017 年 1 月